Tödliche Spionage im Kalten Krieg

Zeitgeschichte im Gespräch
Band 34

Herausgegeben vom
Institut für Zeitgeschichte München-Berlin

Redaktion:
Bernhard Gotto, Michael Schwartz,
Sebastian Voigt
in Zusammenarbeit mit Lilli Helmbold

Stefan Donth

Tödliche Spionage im Kalten Krieg

Hohenschönhausen:
Die „Gruppe Lange-Werner“
im Visier der DDR-Staatssicherheit

(M) METROPOL

Eine Publikation des Instituts für Zeitgeschichte München–Berlin

Leibniz Institute for Contemporary History
Institut für Zeitgeschichte München–Berlin

Weitere Informationen finden Sie unter www.ifz-muenchen.de

Umschlagabbildung:
Das auch als „U-Boot“ bezeichnete Kellergefängnis in Hohenschönhausen, in dem die „Gruppe Lange-Werner“ inhaftiert war.
© Stefan Donth

ISBN: 978-3-86331-695-2

Ansbacher Straße 70 | D–10777 Berlin
www.metropol-verlag.de

Druck: Arta-Druck, Berlin

Inhalt

Einleitung

Ende Juli 1953 verhaftete der DDR-Staatssicherheitsdienst (Stasi) den Offizier der (Kasernierten) Volkspolizei (KVP/VP)[1] Christian Lange-Werner sowie vier weitere Männer und drei Frauen, die für westliche Nachrichtendienste gearbeitet hatten.[2] Der Zugriff erfolgte nur wenige Wochen nach dem Volksaufstand vom 17. Juni 1953, der den erst 1949 gegründeten Nachkriegsstaat im Osten Deutschlands massiv erschüttert hatte.

In der Forschung wurde die Bedeutung der Spionage in der Frühphase der DDR lange unterschätzt. Am Beispiel der „Gruppe Lange-Werner" zeigt die vorliegende Studie, mit welchen Mitteln die SED ihre Diktatur gegen Widerstände durchsetzte[3] und welch hohen Stellenwert die Bekämpfung der umfangreichen und vielschichtigen Spionage in dieser Zeit hatte. Schritt für Schritt wird damit ein besseres Verständnis der Prozesse in der „Transformationsgesellschaft" der DDR in den 1950er-Jahren ermöglicht.[4] Im Einzelnen werden die Ermittlungsmethoden und die Praxis des Staatssicherheitsdienstes während der dreimonatigen Untersuchungshaft in Berlin-Hohenschönhausen untersucht. Neben physischer und psychischer Gewalt setzten die Herrschenden auch auf Abschreckung.[5] Mit diesem Ziel steuerten Besatzungsmacht und SED-Führung die Strafverfahren. Gefragt wird auch nach dem sozialen Hintergrund der Beteiligten in Staatssicherheitsdienst und Justiz, die diese Vorgaben umsetzten. Neben den handelnden Personen und ihren Motiven wird schließlich die Rolle der Frauen auf beiden Seiten beleuchtet.[6]

Die Verhaftung der Gruppe um Christian Lange-Werner ist ein außergewöhnliches Beispiel für das Vorgehen der Geheimpolizei der SED, die unter sowjetischer Anleitung in dieser Hochphase des Kalten Krieges Spionage gegen die DDR zu unterbinden versuchte. Anhand der langwierigen und komplizierten Ermittlungen lässt sich nachvollziehen, wie gründlich die sowjetischen Führungsoffiziere das Personal des erst 1950 geschaffenen Ministeriums für Staatssicherheit (MfS) ausbildeten. Die Staatssicherheit der DDR sollte möglichst selbstständig – wenn auch unter sowjetischer Kontrolle – die Vorgaben der Siegermacht und der SED-Führung umsetzen. An Lange-Werner vollstreckte die SED-Diktatur 1954 nach einem Schauprozess ihr erstes Todesurteil gegen einen Angehörigen der „bewaffneten Organe“ der DDR. Noch Ende 1989, als das MfS kurz vor seiner Auflösung versuchte, sein Traditionsverständnis zu reformieren, wurde der Fall Lange-Werner unter den bedeutendsten aufgeklärten Spionagefällen aufgelistet. Stolz hoben die Stasi-Offiziere bis zuletzt hervor, dass sie mit dem KVP-Offizier einen „eingefleischten Faschisten“ unschädlich gemacht hätten.[7]

Eine erste, allerdings weithin unzutreffende Darstellung der Tätigkeit Lange-Werners erschien 1971: Vor seiner Kaserne in Kamenz habe ein Wagen mit US-Kennzeichen gehalten, dessen Fahrer Lange-Werner zum Tor gebeten habe.[8] Diese falsche Darstellung findet sich auch noch in neueren, populärwissenschaftlich ausgerichteten Publikationen, nach denen der VP-Offizier angeblich durch die Unvorsichtigkeit seines amerikanischen Führungsoffiziers aufgeflogen sei.[9]

Die zeithistorische Forschung dagegen hat den Fall Lange-Werner als ein Beispiel widerständigen Verhaltens in der Kasernierten Volkspolizei aufgegriffen.[10] Doch bis jetzt liegen trotz umfangreicher Recherchen im Archiv des Bundesnachrichtendienstes (BND) keine gesicherten Erkenntnisse über Motive und Praxis dieser nachrichtendienstlichen Operation vor.[11]

Das wird der Bedeutung des Falles nicht gerecht. Auch wenn die Enttarnung Lange-Werners nicht zu den spektakulären Verhaftungsaktionen des MfS gegen westliche Geheimdienste gehörte, wie zum Beispiel die Aktion „Feuerwerk“, die fast zeitgleich stattfand, prägten die eingesetzten Ermittlungstechniken einem „Probelauf“ gleich die Abwehrarbeit der Staatssicherheit langfristig.[12] Dazu gehörten auch die Durchführung eines Schauprozesses, die Verhängung der Todesstrafe und die Hinrichtung als Abschreckung. Die nach der Aktion „Feuerwerk“ Verhafteten hatten mehr „Glück“ und erhielten „nur“ hohe Haftstrafen – hier erging kein Todesurteil. Erst im

Gefolge weiterer „konzentrierter Schläge“ des Staatssicherheitsdienstes wurden Menschen, die für den Westen gearbeitet hatten, wieder zum Tode verurteilt und hingerichtet: Karli Bandelow, Ewald Misera, Hans-Joachim Koch, Karl Laurenz und Elli Barczatis.[13] 1956 statuierten SED-Führung und MfS erneut ein Exempel, als sie den KVP-Offizier Werner Flach, der seit 1952 für westliche Dienste gearbeitet hatte, zum Tode verurteilen und das Urteil vollstrecken ließen.[14]

Die Spionage für westliche Nachrichtendienste zählt zu den wichtigsten Phänomenen politischer Gegnerschaft in der DDR.[15] Dennoch gehört die *Intelligence History* nach wie vor zu den weniger bearbeiteten Forschungsfeldern der Geschichte des Kalten Krieges.[16] Das vom Bundesministerium für Bildung und Forschung geförderte Forschungsprojekt „Landschaften der Verfolgung“, das die Dimensionen der politischen Haft in der SBZ/DDR ermittelt, versucht auch die Ausmaße der mutigen und gefährlichen Tätigkeit Hunderter DDR-Bürger für westliche Nachrichtendienste zu bestimmen.[17]

Die vorliegende Fallstudie zielt darauf ab, am Beispiel Lange-Werners einen wirkungsgeschichtlich zentrierten Beitrag zur Erforschung der MfS-Geschichte zu leisten, der die meist auf dessen Apparat ausgerichteten Untersuchungen ergänzt.[18] Damit sollen auch V-Leute westlicher Nachrichtendienste, die wie Lange-Werner bisher im Schatten sogenannter Topspione standen, stärker in die Historiografie der Geheimdienste während des Kalten Krieges einbezogen werden.[19]

Lange-Werner kämpfte gegen einen übermächtigen Gegner, über dessen Leistungsfähigkeit er und seine Gefährten nur wenig wussten. Eingangs wird am Beispiel von zwei „operativen Vorgängen“, die zur Entdeckung und Verhaftung Lange-Werners und der weiteren Mitangeklagten führten, der Transformationsprozess des frühen MfS untersucht, in dessen Verlauf der Apparat die von den sowjetischen Geheimpolizisten erteilten Repressionsaufträge immer selbstständiger wahrnahm. Welche Aufgaben eine professionell arbeitende Geheimpolizei bei der Durchsetzung der kommunistischen Diktatur erfüllte und wie sie dabei mitwirkte, ist ein wichtiges Forschungsfeld der Zeitgeschichte.[20]

Integraler Bestandteil dieses Prozesses war nicht nur die Ausgestaltung normativer Voraussetzungen der Untersuchungsverfahren, die

die ostdeutsche Geheimpolizei durchführte, sondern vielmehr auch die Praxis in den Gefängnissen der Staatssicherheit, beispielsweise in Berlin-Hohenschönhausen.[21] Dargestellt wird, wie sich der Kenntnisstand des MfS über die Aktivitäten Lange-Werners und der mit ihm inhaftierten Frauen und Männer entwickelte: Die Arbeitsweise der Geheimpolizei und eine historische Einordnung der Aktivitäten Lange-Werners stehen im Mittelpunkt des zweiten Teils. Behandelt werden dabei drei Punkte: das Verhalten Lange-Werners im Urteil des kommunistischen Gegners, sein Verhalten im eigenen Selbstverständnis und die Folgewirkungen seines Verhaltens. Dafür wird der biografische und sozioökonomische Hintergrund aller acht Inhaftierten – von der Staatssicherheit als Gruppenvorgang behandelt – analysiert. Schwerpunkte bilden neben Alter, Geschlecht und Familie auch die soziale Herkunft, Ausbildung und die berufliche Tätigkeit. Zudem eignet sich diese Gruppe in besonderer Weise, um die Motive von Männern und Frauen bei ihrer Spionagetätigkeit herauszuarbeiten.

In der Untersuchungshaft kam es zur unmittelbaren Konfrontation der Opfer mit den MfS-Offizieren, deren Handeln im dritten Abschnitt ins Blickfeld rückt. Bei der Analyse dieser Gruppe lohnt es sich, strukturelle und institutionelle Ansätze multiperspektivisch zusammenzuführen und die handelnden Personen einzubeziehen. Dabei ist es zielführend, nicht nur die unterschiedlichen sozialen Schichten zu berücksichtigen, aus denen die MfS-Mitarbeiter stammten, sondern auch die Mitgliedschaft in der KPD oder anderen kommunistischen Organisationen vor 1933 und die Beteiligung am Widerstand gegen die NS-Diktatur einzubeziehen, auf die einige verweisen konnten.

MfS-Mitarbeiter handelten nicht als isolierte, unselbstständige Rädchen im Getriebe des Repressionsapparates der SED, sondern waren in Netzwerke größerer Gruppen eingebunden. Ausgehend von neuen Forschungsergebnissen wird gefragt, welche Determinanten ihr Handeln bestimmten.[22] Dem lagen neben biografischen und generationellen Elementen, der kommunistischen Weltanschauung in ihrer stalinistischen Ausprägung und situativen sowie sozialpsychologischen Aspekten weitere Bedingungsfaktoren zugrunde, unter denen der institutionellen Handlungspraxis und dem Handlungsraum eine besondere Bedeutung zukommt.

Die sowjetische Geheimpolizei und die SED-Führung schufen die Voraussetzungen für den Einsatz von Gewalt und für die Praxis unmenschlicher Verhörmethoden in den MfS-Haftanstalten. Die hier eingesetzten MfS-Männer unterlagen faktisch keiner rechtsstaatlich-normativen Kontrolle und mussten in der Regel keine Sanktionen fürchten. Mit einem beruflichen Aufstieg konnten dagegen diejenigen rechnen, die sich in ihrem Handeln nicht durch Recht und Gesetz bremsen ließen, sondern hart gegen die Gegner der SED vorgingen und die Interessen der Partei durchsetzten.

Ein weiterer Schwerpunkt liegt im vierten Kapitel auf der Justizsteuerung durch SED und Staatssicherheit, die anhand der Vorbereitung und Durchführung des Schauprozesses 1953 in Cottbus beschrieben wird. Dazu gehört auch, hinter die Kulissen zu schauen und nach den Justizfunktionären zu fragen, die sich bei der Umsetzung von Unrecht und Klassenjustiz zu bewähren hatten. Die gegen Lange-Werner verhängte Todesstrafe sollte disziplinierend auf die (Kasernierte) Volkspolizei wirken. Dabei tritt die DDR-Justiz als Teil der Diktaturdurchsetzung in besonderer Weise hervor.

Der Vorgang Lange-Werner wurde bis zum Untergang der DDR nicht zu den Akten gelegt. Eine der beteiligten Frauen hatte sich 1953 in der Untersuchungshaft zur Zusammenarbeit mit dem Staatssicherheitsdienst verpflichtet und führte aus Sicht des MfS bis 1989 erfolgreich mehrere Aufträge im Westen aus. Deshalb befasst sich der fünfte Abschnitt mit den Nachwirkungen des Falles Lange-Werner. Insbesondere die Spionageabwehr der Stasi setzte sich immer wieder auch kritisch mit ihrem Vorgehen 1953 und 1954 auseinander.

Ein Beitrag zu der Debatte, in welchem Ausmaß Spionage als antikommunistischer Widerstand einzustufen ist und welcher Anteil den beteiligten Frauen im Fall Lange-Werners zukommt, bindet die Untersuchungsergebnisse im sechsten Kapitel zusammen und bildet den Abschluss.

Die wichtigste Quellengrundlage dieser Publikation stellen die schriftlichen Hinterlassenschaften des MfS dar. Quellenkritisch zu prüfen ist dabei, wie stark die Informationen von den Denkhorizonten und Intentionen der Geheimpolizisten geprägt waren. Zu berücksichtigen sind die Zielsetzung und die damit verbundene Sprache in den Dokumenten, um eine Übernahme der Logik des MfS zu vermeiden.[23] Aus diesem Grund sind die Zitate in der vorliegenden Fallstudie wörtlich belassen; Ausdruck und Schreibweise wurden unkorrigiert übernommen. Wo immer möglich, wird auf MfS-typische Abkürzungen und Bezeichnungen verzichtet, um der verächtlichen Ausdrucksweise der Geheimpolizei keinen weiteren Raum zu geben. Datenschutzrechtliche Regelungen gebieten es, Personennamen zu pseudonymisieren. Solche Pseudonyme sind mit einem Sternchen (*) gekennzeichnet.

Jede Forschungsrichtung, die Quellen aus der Geheimdienst- oder Gerichtspraxis befragt, hat sich mit dem Entstehungskontext dieser Überlieferungen zu befassen, der mögliche Interpretationen beeinflusst oder begrenzt. Mit Auslassungen und Verzerrungen ist zu rechnen. Als recht zuverlässige Quelle erweisen sich die Ermittlungsakten, die oft eine genaue Rekonstruktion der Abläufe im unmittelbaren Vorfeld der Verhaftungen ermöglichen. Diese Dokumente vermitteln ein Bild von *work in progress* und keinen perfektionistischen Eindruck. Dagegen hinterlassen die Vernehmungsprotokolle an einigen Stellen den Eindruck, sie seien im Nachhinein als Erfolgsgeschichte des MfS geschrieben worden. Gruppenvorgänge liefern meist ein multiperspektivisches Bild und verringern dadurch die Gefahr, einer verfälschten, vielleicht bewusst lancierten Version auf den Leim zu gehen.

Hinzu kommen noch Zeitzeugen-Interviews aus dem Archiv der Gedenkstätte Berlin-Hohenschönhausen. Diese erfahrungsgeschichtlichen Reflexionen aus der Perspektive der ehemaligen Häftlinge werden ebenso wie die vom MfS erstellten Schriftstücke kritisch geprüft.[24] Die Verwendung der Ego-Dokumente ist aber nicht nur unverzichtbar, wenn die Auswirkungen der Haft bei der Staatssicherheit auf die Untersuchungsgefangenen analysiert werden sollen.[25] Sie erschließen darüber hinaus ein großes historiografisches Potenzial, das weit über das zu Recht kritisierte „Authentizität suggerierende Einstreuen von Interview-Schnipseln zu illustrativen Zwecken"[26] hinausreicht: Diese Quellen erlauben eine Untersuchung der sozialen Praxis der Untersuchungshaft bei der Staatssicherheit.

1. Spionageermittlungen
Zwei Vorgänge greifen ineinander

1.1 „Sollte ich zu dem angegebenen Fluglehrer der VP fahren“
Erste Spuren führen zu Christian Lange-Werner[27]

Im Sommer 1952, dem Höhepunkt des Spätstalinismus, verschärfte sich die politische Lage in der DDR. Die Ursache dafür war, dass die SED-Führung nach sowjetischen Vorgaben plötzlich die Durchsetzung der sozialistischen Diktatur vorantrieb. Im Juli beschloss die II. Parteikonferenz der SED die Errichtung des Sozialismus. Eine Konsequenz war die Abriegelung der Grenze zur Bundesrepublik Deutschland, nachdem 1951 über 166 000 Menschen die DDR in Richtung Westen verlassen hatten. Nur West-Berlin blieb weiterhin offen. Ein weiterer Schwerpunkt lag auf Maßnahmen zur Stärkung der innen- und außenpolitischen Sicherheit der DDR. Vor diesem Hintergrund forcierte die SED-Führung den Auf- und Ausbau militärischer Strukturen in der Kasernierten Volkspolizei, dem Nukleus der späteren Nationalen Volksarmee (NVA) der DDR, die mit der sogenannten VP-Luft auch Fliegerkräfte umfasste. Die bewaffneten Einheiten zählten um 1952 und 1953 circa 80 000 Volkspolizisten und 90 000 KVP-Angehörige. Hinzu kam die Geheimpolizei: das Ministerium für Staatssicherheit. Nach einer Verdopplung des Personals im Jahr 1952 zählte es im Frühjahr 1953 etwa 8800 Mitarbeiter, die aber nicht eigenständig agieren durften, sondern von 2200 sowjetischen Beratern kontrolliert und angeleitet wurden. Dabei ging der Staatssicherheitsdienst nicht nur gegen Gegner der SED-Diktatur, sondern zunehmend auch gegen westliche Spione vor.[28]

Über die Zusammenarbeit zwischen der sowjetischen Geheimpolizei und dem MfS bei der Spionageabwehr ist bisher nur so viel bekannt, dass die wesentlichen Entscheidungen von sowjetischen

Offizieren getroffen wurden, die als Instrukteure wichtige Vorgänge selbst bearbeiteten und gegenüber ihren deutschen Helfern die uneingeschränkte Führung ausübten.[29] So formulierte eine „Chronik“ einer MfS-Hauptabteilung geradezu lyrisch: „Besonders in den Anfangsjahren der Existenz des MfS erwiesen sich die reichen Erfahrungen der sowjetischen Tschekisten und die unmittelbare Hilfe der sowjetischen Freunde als unersetzbarer Kraftquell.“[30] Ab 1951 beziehungsweise 1952 versuchten die sowjetischen „Freunde“ allerdings, die MfS-Mitarbeiter zu befähigen, „eine eigenverantwortliche politisch-operative Tätigkeit zu entwickeln“.[31] Stasi-Minister Wilhelm Zaisser wollte „feindliche Agenten“ möglichst über einen längeren Zeitraum beobachten. Er setzte nicht auf den kurzfristigen politischen Erfolg, sondern auf eine langfristige „Unschädlichmachung“.[32] Diesem Ziel diente auch die Reorganisation der Spionageabwehr, deren Leitung 1952 der Altkommunist und bisherige Chef der Brandenburger MfS-Länderverwaltung Rolf Markert übernahm. Bei den ersten Fortschritten, die er vermeldete, handelte es sich allerdings nur um Einzelerfolge.[33]

Umso bedeutsamer war die Aufdeckung eines Spionagerings im Landstrich zwischen Mirow und Rechlin südlich der Müritz. Dort befanden sich eine wichtige Werft und zahlreiche sowjetische Kasernen und Flugplätze. Was mit einem Zufall begann, endete mit der Verhaftung zahlreicher Männer und Frauen, die wichtige Informationen in den Westen übermittelt hatten.

Im Sommer 1952 erfuhr der Geheime Informator (GI) „Rose“ des MfS von seiner Freundin, dass eine ehemalige Arbeitskollegin, die nach West-Berlin geflohen war, sie brieflich um Informationen zu Wirtschaftsbetrieben gebeten habe. Andere Freunde hätten ihr geraten, auf das „Geschäft“ einzugehen, zumal es nicht gefährlich sei, für „die Amerikaner“ zu arbeiten. Diese Informationen gab „Rose“ am 16. August 1952 an das MfS weiter. Damit kam der Stein ins Rollen.[34]

Dass bei dieser Gelegenheit von „den Amerikanern“ gesprochen wurde – ein durchgängiges und undifferenziertes Synonym für US-Geheimdienststellen, das aus der Rhetorik des Kalten Krieges stammt –, zeigt die binäre Freund-Feind-Logik: Aus damaliger Sicht (auch der Spionierenden selbst) bedeutete Spionage vermutlich, sich auf einer der beiden Seiten des globalen Zweifrontenkampfes einzureihen.

Beim MfS übernahm Erwin Bruhn, der Leiter der für die Überwachung der Volkswirtschaft zuständigen Abteilung III, den Fall – ob in Schwerin oder in Neubrandenburg, geht aus den Unterlagen nicht klar hervor, da sich 1952 nach der Auflösung der Länder MfS-intern der Übergang von den Landes- auf die Bezirksverwaltungen vollzog. Bei Bruhn handelt es sich mit großer Wahrscheinlichkeit um jenen Offizier, der im Dezember 1952 vom MfS wegen der Misshandlung eines Häftlings verhaftet wurde.[35] Während der Untersuchungshaft in Hohenschönhausen bespitzelte er von Januar bis März 1953 das ehemalige SED-Politbüromitglied Paul Merker – einen der prominentesten Gefangenen des Staatssicherheitsdienstes, den das MfS auf einen Schauprozess „vorbereitete", der dann doch nicht stattfand.[36]

Zunächst ließ Bruhn die Familienverhältnisse der Freundin „aufklären".[37] Er fand heraus, dass ihr Vater Polizist gewesen war. 1945 hatten ihn Angehörige der Roten Armee für sechs Monate eingesperrt, bevor sie ihn Ende 1949 erneut verhafteten.[38] „Seitdem fehlt jede Spur von ihm", hielt Bruhn lakonisch fest. Getarnt als Kriminalpolizist, machte er der Frau Hoffnung, er könne ihr Informationen über den Verbleib ihres Vaters liefern.[39] Letztlich wurde sie, weil sie den Erhalt des Briefes nicht umgehend gemeldet hatte, am 16. September 1953 „unter Druck" als GI „Maria" verpflichtet.[40] „Gewillt, meinen Fehler wieder gut zu machen", wie sie gegenüber dem MfS geäußert haben soll, erhoffte sie sich neue Erkenntnisse über den Verbleib ihres Vaters.[41]

Im Auftrag der Geheimpolizei sollte „Maria" in das „Zentrum der amerikanischen Spionage in Westberlin eindringen".[42] Dies gelang ihr schnell: Am 11. Oktober 1952 erhielt sie Besuch von einem Mann und dessen Freundin, die vor ihrer Flucht nach West-Berlin ganz in ihrer Nähe in Feldberg gewohnt hatten und nun als V-Leute für einen US-Geheimdienst arbeiteten. Beide wollten sie für eine nachrichtendienstliche Tätigkeit für die Amerikaner anwerben – „Maria" ging darauf ein.[43] Daraufhin legte das MfS am 8. November 1952 einen Gruppenvorgang mit der Bezeichnung „Förster" an, zu dessen Schwerpunkten die Spitzeleien von „Maria" gehörten.[44]

Das MfS entwickelte den Vorgang nun in zwei Richtungen: Zum einen forschte „Maria" den Bekanntenkreis ihrer ehemaligen

Arbeitskollegin aus. Die detaillierten Berichte „Marias" ermöglichten den Stasi-Offizieren einen genauen Einblick in die Aktivitäten dieser Bekannten.[45] Das MfS protokollierte, „dass in der Gegend Ludwigslust [...] Waffen untergebracht sind, damit, wenn es losgeht, alle Genossen und die, die für diese arbeiten, umgelegt werden. [...] Na jedenfalls [...] würden diese SED-Schweine aufgehängt bzw. umgelegt." Zudem seien, inspiriert vom Attentat auf Hitler am 20. Juli 1944, Anschläge auf „Pieck und alle anderen" geplant.[46]

Zum anderen sollte „Maria" für den Feldberger Bekannten „militärisches Material" für US-Dienste besorgen. Schnell erkannte das MfS, dass sich die Amerikaner für den sowjetischen Düsenjäger MiG 15 interessierten, der sich während des Koreakrieges oft gegen westliche Maschinen hatte durchsetzen können.[47] Um in den Luftkämpfen besser bestehen zu können, bestand für den Westen großer Handlungsbedarf.[48]

Kurz vor dem Jahreswechsel von 1952 auf 1953 berichtete „Maria" ausführlich über ihr Treffen mit amerikanischen Geheimdienstspezialisten in West-Berlin: „Ich laufe unter einer Nummer und mein Name ist nur in Washington bekannt". Sie lockte den westlichen Nachrichtendienstoffizier Paschke, der sich „Silber" nannte, aus der Reserve und ließ sich von ihm den Düsenjäger beschreiben, „weil ich ja keine Ahnung davon habe".[49] Dadurch gewann das MfS einen Eindruck vom Kenntnisstand der Amerikaner über die technischen Parameter des Flugzeugs. „Silber" zeigte Interesse an Bordbüchern, Ölproben, technischen Zeichnungen sowie an Informationen über Triebwerke, Treibstoffverbrauch, Geschwindigkeit, Ausstattung und Flugleistung der MiG 15. Der Nachrichtendienstoffizier ließ durchblicken, dass die Amerikaner in Korea eine abgeschossene Maschine hatten bergen können, bei der allerdings die Bordkabine mit den wichtigsten Geräten gefehlt hatte.[50]

„Maria" sollte sich für den amerikanischen Geheimdienst mit einem sowjetischen Piloten anfreunden und ihn zum Überlaufen bewegen.[51] Als Gegenleistung bot „Silber" 5000 Mark und Hilfe bei einer Übersiedelung in den Westen an.[52] „Maria" berichtete dem MfS, dass die Erkenntnisse weiterer V-Leute in den Westen gefunkt würden. Auch die Adresse eines Funkers und den Standort des in einem Ofen versteckten Funkgerätes teilte sie mit.[53]

MfS-intern wurde der Wert von „Marias“ Spitzeldiensten offenbar geschätzt. Ab Januar 1953 berichtete sie dem Leiter der Bezirksverwaltung Neubrandenburg, Oberstleutnant Richard Horn. Von ihm erhoffte sich „Maria“ Gewissheit über das Schicksal ihres Vaters und verlangte Ehrlichkeit vom MfS. Stattdessen zeigte Horn „ihr die Aufgabe auf, mit dafür zu sorgen, dass es keinen neuen Krieg gibt“. Als Anerkennung für ihre Zuträgerdienste erhielt sie immerhin Heizmaterial und ein Möbelstück.[54] Wenige Monate später gehörte Horn zu den wenigen hochrangigen MfS-Führungskräften, die die von den sowjetischen Beratern befohlenen Massenverhaftungen und den Einsatz von Gewalt nicht mehr mittragen wollten. Der Altkommunist und frühere Interbrigadist des Spanischen Bürgerkrieges bat deshalb im Sommer 1953 um seine Entlassung.[55]

Der V-Mann aus Feldberg geriet in die Fänge des DDR-Sicherheitsapparates, nachdem er zusammen mit einem Freund, der vor seiner Flucht nach West-Berlin auf dem Flugplatz Werneuchen tätig gewesen war, versucht hatte, Informationen zu dieser von den sowjetischen Streitkräften genutzten Einrichtung zu beschaffen. Beide trafen sich am 31. Januar 1953 mit einer Kontaktperson am Potsdamer Platz in Berlin. Dieser Ansprechpartner hatte sie bereits denunziert, sodass die Volkspolizei beide verhaften konnte.[56] Drei weitere Männer, darunter der Funker, gerieten durch Verrat von „Maria“ in die Fänge der Repressionsorgane.[57] Am 5. Februar 1953 wurde der V-Mann in die zentrale Untersuchungshaftanstalt des MfS nach Berlin-Hohenschönhausen verlegt und dort vom Untersuchungsorgan – der Abteilung IX – „bearbeitet“. Einen Monat später brachte ihn das MfS in das Untersuchungsgefängnis Neustrelitz. Von dort wurde er am 21. März 1953 „einer höheren Dienststelle“ übergeben und am 10. Juni 1953 „von den sowjetischen Freunden übernommen“.[58]

Ein auf den 11. März 1953 datiertes Vernehmungsprotokoll enthält Passagen, die das MfS auf eine neue Spur führten: Der V-Mann sollte im Auftrag „Silbers“ nach „Siebenhöfen bei Obertannenberg zu dem angegebenen Fluglehrer der VP fahren, um hier einen Brief zu überbringen“.[59] Schnell fand die Geheimpolizei heraus, dass es sich bei dem Fluglehrer um Christian Lange-Werner handelte, der bei der VP-Luft in Kamenz diente.[60] Jetzt wurde MfS-intern der Vorgang von der Abteilung III auf die Spionageabwehrabteilung IV

„überschrieben".[61] Alle weiteren Maßnahmen waren mit deren Leiter Rolf Markert abzustimmen.[62] Ihm war die Überwachung des militärischen Apparates der DDR vertraut, da er von 1949 bis 1951 die aus der Hauptverwaltung zum Schutz des Volkseigentums des Innenministeriums hervorgegangene Diensteinheit geleitet hatte, die die VP-Bereitschaften überwachte und schließlich im MfS in der Hauptabteilung I (HA I) aufging.[63]

Bei der VP-Luft bestanden aus Sicht des MfS besonders große Sicherheitsrisiken. Von 1952 bis 1954 sollten über 200 deutsche Jagdfliegerpiloten auf dem sowjetischen Düsenflugzeug MiG 15 ausgebildet werden. Zur Umsetzung dieses Aufrüstungsprogrammes entstand in Kamenz eine „Fliegertechnische Schule" zur Ausbildung von Flugzeugtechnikern, die unter enger Anleitung sowjetischer Offiziere stattfand. Dabei griff die Führung der KVP auch auf ehemalige Wehrmachtsoffiziere zurück. Die verfügten zwar über das nötige Fachwissen, aber die SED und ihre Geheimpolizei brachten ihnen kein Vertrauen entgegen: „Man beginnt unter den Fliegern von Göring'schen und Stalin'schen Falken zu sprechen"[64], beobachtete das MfS. Deshalb nahm neben der technischen Ausbildung die ideologische Indoktrination der VP-Luft-Angehörigen immer breiteren Raum ein. Die Bedeutung des Standortes Kamenz wurde öffentlich deutlich, als DDR-Präsident Wilhelm Pieck bei einem Besuch im Januar 1953 die Einheit von fachlicher Ausbildung und politischer Erziehung unterstrich.[65]

1.2 „Ist schon negativ aufgefallen"
Wer war Christian Lange-Werner?[66]

Nachdem die Ergebnisse der Vernehmungen aus Neustrelitz vorlagen, rückte der 39-jährige VP-Luftoffizier Christian Lange-Werner in den Blick der MfS-Zentrale.

Der am 23. August 1914 in Chemnitz als Sohn eines Postinspektors geborene Christian Lange-Werner hatte von 1933 bis 1939 in Weimar und Berlin Flugzeugbau studiert und war 1939 der NSDAP beigetreten. 1940 heiratete er Lotte Kämpf, die am 18. Juli 1916 geborene Tochter eines Sägewerksbesitzers, die im elterlichen Unternehmen in Tannenberg im Erzgebirge arbeitete. Aus der Ehe gingen zwei Söhne hervor. Im Zweiten Weltkrieg diente Lange-Werner bei der Luftwaffe, zuletzt als technischer Offizier im Rang eines Majors und Oberingenieurs. Die Monate von Mai 1945 bis Februar 1946 verbrachte er in amerikanischer Kriegsgefangenschaft. Nach Tannenberg zurückgekehrt, übernahm er das Sägewerk seines Schwiegervaters, das er bis zum Herbst 1948 betrieb, und arbeitete unter anderem im (strikt sowjetisch kontrollierten) Uranbergbau der Wismut AG als Ingenieur. Im April 1949 wurde er Kandidat der SED. In die VP-Luft trat er am 25. August 1952 als Leutnant ein – eine deutliche Herabstufung gegenüber seinem früheren Wehrmachtsdienstgrad – und versah seinen Dienst als Fachlehrer in Kamenz.[67]

Für das MfS war Lange-Werner kein unbeschriebenes Blatt. Mehrere VP-Offiziere hatten ihn Anfang 1953 denunziert, als er im Unterricht Witze, „die auch moralisch nicht einwandfrei waren", und Episoden aus seinem „früheren Fliegerleben" erzählte.[68] Zudem „ironisierte"[69] er die Rede des DDR-Präsidenten Wilhelm Pieck in Kamenz. Hinzu kamen seine Kontakte zu einer geschiedenen Ehefrau eines ehemaligen Offiziers der Waffen-SS, die „bereits politisch durch unsere Freunde inhaftiert war". In deren Haus hatte Lange-Werner gemeinsam mit anderen Offizieren „Nächte durchzecht". Darüber erteilte der ehemalige Wehrmachtsoffizier und jetzige VP-Luft-Hauptmann Günther Schulz Auskunft, woraufhin das MfS „eine operative Bearbeitung" einleitete.[70] Zwei neue GI sollten weitere Informationen beschaffen: eine VP-Angehörige, die das MfS nach einer vermutlichen (damals strafrechtlich verbotenen) Abtreibung unter Druck werben wollte, und ein Freund und Offizierskamerad Lange-Werners, dessen Anwerbung aber scheiterte.[71]

1.3 „Dass Lange-Werner Verbindungen zum amerikanischen Geheimdienst CIC hat"
Das MfS eröffnet den Gruppenvorgang „Gesindel"[72]

Die mit der Überwachung der kasernierten Einheiten betraute MfS-Hauptabteilung I verfügte über eigene Diensteinheiten, die für die VP-Luft sowie für Untersuchungsvorgänge gegen inhaftierte VP-Angehörige zuständig waren.[73] Auch hier erstreckte sich die „Hilfe" der sowjetischen Berater „auf alle Arbeitsprozesse":

> „Die eigentliche Anleitung für die Organisierung der politisch-operativen Arbeit und die Vornahme der operativen Einschätzung erfolgte hauptsächlich mit den sowjetischen Beratern. In der Regel fanden täglich mit ihnen Zusammenkünfte statt, wo über die Lage, erzielte Arbeitsergebnisse und neue Aufgaben gesprochen wurde."[74]

Nachdem die Berater an den Zuständen in den militärischen Formationen Kritik geübt hatten, übernahm am 23. Februar 1953 der zur Aufbaugeneration des MfS zählende Ottomar Pech die Leitung der HA I. Er musste sich nun erst einmal bewähren und Ergebnisse liefern.[75] MfS-Offiziere arbeiteten verdeckt in der Truppe und überwachten besonders ehemalige Offiziere und Unteroffiziere der Wehrmacht.[76]

Zum Gegenspieler Lange-Werners avancierte der am 9. Januar 1910 geborene Karl Krug, der vom 1. Februar 1951 bis 13. Dezember 1953 als Abteilungsleiter der HA I/3 für die Bearbeitung der VP-Luft zuständig war. Dafür befähigten den damals 43-Jährigen aus Sicht des MfS seine Erfahrungen bei der „antifaschistisch-demokratischen" Schulung deutscher Kriegsgefangener von 1943 bis 1950 in der Sowjetunion.[77] Bei den teils hoch qualifizierten ehemaligen Wehrmachtsoffizieren, die die VP-Luft aufbauten, stieß der vormalige Zivilingenieur der Luftwaffe nunmehr 1953 auf Akzeptanzprobleme: „Infolge größerer Überheblichkeit der Offiziere der VP-Luft hat Kommandeur Krug schwer um seine Anerkennung als verantwortlicher Mitarbeiter zu kämpfen."[78]

Am 13. März 1953 erhielt Krug von der Spionageabwehr einen Hinweis, dass „etwas" gegen Lange-Werner vorliege.[79] Wie in anderen Fällen kam es auch hier zu einer „Zerfaserung", da nicht nur die Spionageabwehr, sondern auch andere MfS-Diensteinheiten an den Ermittlungen beteiligt waren.[80] Nach Rücksprache mit der Abteilung IV in Neustrelitz stimmten sowjetische Offiziere mit MfS-Mitarbeitern aus Neustrelitz, Kamenz und dem Ministerium das weitere Vorgehen ab.[81] Da Lange-Werner aus Sicht des MfS bereits „negativ in Erscheinung getreten" war und bei „undurchsichtigen" Personen verkehrte, vermuteten die Geheimpolizisten, dass er sich im Auftrag des amerikanischen Militärgeheimdienstes CIC (Counter Intelligence

Corps) – dessen Aktivitäten weit über die Abwehr gegnerischer Operationen im von amerikanischen Truppen besetzten Teil Deutschlands hinausreichten – weitere „Stützpunkte“ verschaffen würde, um Informationen über die MiG 15 zu gewinnen, ähnlich wie im untersuchten Fall in Mecklenburg.[82]

Krug legte am 17. März 1953 einen Gruppenvorgang an und benannte diesen abwertend „Gesindel“.[83] Seine Mitarbeiter hatten nun alle Hände voll zu tun: „Konspirativ“ war festzustellen, ob Lange-Werner einen zweiten Personalausweis besaß. Seine Post sollte überwacht werden. Darüber hinaus versuchte das MfS, einen Offizier aus dem technischen Lehrgang anzuwerben, der über gute dienstliche und private Kontakte verfügte.[84] Mit Hauptmann Günther Schulz – er hatte Lange-Werner schon einmal bespitzelt – wurde ein aus Sicht der Staatssicherheit „zuverlässiger Offizier“ gewonnen, der zukünftig als GI „Blume“ operierte.[85] Ihm gelang es, sich das Vertrauen Lange-Werners zu erschleichen. Seine Zuverlässigkeit und den Wahrheitsgehalt seiner Berichte bestätigte der als Kontroll-GI „Fulda“ agierende Leiter der Ausbildungsabteilung Major Büchel regelmäßig dem MfS.[86]

Noch im März 1953 wurde Lange-Werner mit einem „positiven Offizier“[87] in seinem Zimmer zusammengelegt. Die Überwachung konzentrierte sich laut einem „Operativplan“ auf Kamenz und fand unter enger Anleitung der sowjetischen Berater statt.[88] Die Geheimpolizisten ermittelten die Inhaber von Telefonanschlüssen, die Lange-Werner angerufen hatte, und überprüften seinen Einstellungsvorgang – er war von der Dienststelle Johannistal als „bester Mann“[89] in Kamenz eingeführt worden. Dem MfS entging auch nicht, dass Lange-Werner über „faschistische Luftfahrtbücher“[90] verfügte, die er in der Ausbildung einsetzte. Auch das private Umfeld geriet ins Blickfeld des MfS, als seine Ehefrau ihn besuchte.[91]

Doch diese Anstrengungen förderten außer einem vagen Hinweis, Lange-Werner habe angeblich in West-Berlin übernachtet, kein belastendes Material zutage.[92] Dem MfS bot sich ein uneinheitliches Bild, denn die für seinen Heimatort zuständige MfS-Bezirksverwaltung Chemnitz bescheinigte Lange-Werner eine „fortschrittliche“[93] Einstellung zur DDR und zur Sowjetunion und hob die SED-Mitgliedschaft Lange-Werners hervor.

1.4 „Ist eine völlig neue Situation im Vorgang entstanden“ Die Ermittlungen des MfS[94]

Erst als am 13. April 1953 der MfS-Leutnant Wilke unbeobachtet das Zimmer Lange-Werners in der Kamenzer Kaserne durchsuchte, ergaben sich neue Ansatzpunkte: Der Geheimpolizist fand den gesuchten zweiten Personalausweis und verstecktes Schulungsmaterial. Am nächsten Morgen stellte Wilke bei einer erneuten Kontrolle fest, dass die Unterlagen fehlten. Er vermutete, dass Helfer den Offizier beim Kopieren der Dokumente außerhalb der Kaserne unterstützten.[95] Bei einer Überprüfung der Verschlusssachen-Stelle bemerkte das MfS Sicherheitslücken.[96] Die beiden GI „Blume“ und „Fulda“ beobachteten jetzt den Umgang Lange-Werners mit geheimen Unterlagen.[97] „Blume“ übermittelte besonders viele Informationen über Kameraden und das Freizeitverhalten Lange-Werners.[98] „Fulda“ beschrieb ihn als „typischen Nazioffizier“, der „dem Kollektiv“ nichts von seinem fachlichen Wissen preisgebe und die sowjetische Militärpädagogik ablehne.[99]

„Fulda“ informierte seinen Führungsoffizier über das enge Verhältnis Lange-Werners zu einem anderen Offizier, dem am 12. Juni 1916 in Greppin in der Nähe von Bitterfeld als Sohn eines Fleischermeisters geborenen Leutnant Adam Baum*.[100] Ähnlich wie bei Lange-Werner verlief sein Berufsweg in der Luftfahrt: In den Dessauer Junkers-Werken hatte Baum* den Beruf eines Flugzeugbauers erlernt und die Flugzeugführerprüfung abgelegt. Von 1934 bis 1937 bildete er als ziviler Fluglehrer Luftwaffenpiloten aus. In den ersten Kriegsjahren nahm er an den Bombenangriffen auf London teil, verließ dann aber als Feldwebel die Luftwaffe und arbeitete ab 1941 als Werkpilot in den Junkers-Werken. Er war, wie Lange-Werner, verheiratet und hatte vier Kinder. Nach Kriegsende trat er zunächst der Gemeindeverwaltung Mosigkau bei. Baum* beteiligte sich seit November 1945 als KPD-Mitglied aktiv am Aufbau der kommunistischen Diktatur und wechselte nach der Zwangsvereinigung in die SED. Von 1946 bis 1948 gehörte er der Volkspolizei an, wurde aber wegen einer Planstellenverminderung entlassen. Danach bekleidete er als technischer Angestellter in einem großen Dessauer Unternehmen die Funktion eines SED-Parteisekretärs und besuchte die

Kreisparteischule. Wegen seiner Kenntnisse auf dem „Gebiet der Luftwaffe“ erfolgte am 4. August 1952 die Einstellung des 36-Jährigen bei der VP-Luft.[101]

Aus den Nachrichten beider Spitzel schlussfolgerte der Staatssicherheitsdienst Anfang Mai 1953: „Durch die Beobachtung des GI ist eine völlig neue Situation im Vorgang entstanden.“[102] Ob das der Grund dafür war, dass das MfS die Überwachung Lange-Werners während seines Kuraufenthaltes in Bad Düben vom 12. Mai bis 9. Juni 1953 unterbrach, bleibt offen.

Als Lange-Werner am 10. Juni 1953 seinen Dienst wieder aufnahm, intensivierte das MfS auf Druck der sowjetischen Berater seine Anstrengungen.[103] „Blume“ sollte ein enges, auch außerdienstliches Verhältnis mit dem Ziel herstellen, dass „Lange-Werner in ihm einen sehr guten Vertrauensmann erkennt und eventuell zu ihm über seine feindlichen Arbeiten spricht“.[104] Das MfS lobte das „gute taktische Verhalten“ von „Blume“. Um ihn glaubwürdiger erscheinen zu lassen, ließ es ihn von seinem Vorgesetzten Major Büchel – dem GI „Fulda“ – dienstlich rügen.[105] Dieses Vorgehen war erfolgreich: „Blume“ berichtete, Lange-Werner umwerbe ihn.[106] GI „Fulda“ bewertete dessen Beziehung zu Baum* als „wichtig“.[107] Lange-Werner wurde immer offenherziger, wenn er mit GI „Blume“ sprach. Warum sich der Offizier derart vertrauensvoll in falscher Sicherheit wog und letztlich um Kopf und Kragen redete, bleibt eine der offenen Fragen im Fall Lange-Werner. „Politik interessiert mich nicht. Wenn mir die Richtung gefällt, dann hamse mich“[108], soll er geäußert haben. Durch die Hinweise des GI „Blume“ richtete sich das Interesse des MfS nun auf eine Frau, die als „Freundin“ Lange-Werners bezeichnet wurde. Der Spitzel konnte zunächst nur melden, sie habe bei Baum* übernachtet.[109] Das MfS beauftragte seinen Informanten, er solle besagte Freundin bei ihrem nächsten Treffen mit Lange-Werner kennenlernen und dabei ihren Namen ermitteln. Um ihm eine Teilnahme an diesem „Saufgelage“[110] zu ermöglichen, erhielt er 50 Mark.[111]

Von großer Bedeutung erwies sich der Hinweis GI „Blumes“, Lange-Werner habe bei der Beantragung eines Urlaubes seine Absicht verschwiegen, nach Berlin zu fahren.[112] Mit dem neuen Wissen setzten der stellvertretende Leiter der HA I, Erich Kistowski, und

Krug in Absprache mit Generalmajor Pech sofort eine Anweisung der sowjetischen Berater um und veranlassten die Beobachtung des Offiziers.[113]

Die engmaschige Beschattung Lange-Werners während seiner Reise nach Berlin vom 17. bis zum 20. Juli 1953 brachte dem MfS neue Erkenntnisse: Es gelang zwar nicht, den Namen seiner Bekannten oder einen Aufenthalt in West-Berlin zu ermitteln. Dafür fand die Geheimpolizei heraus, dass Lange-Werner und seine Begleitung bei Eva Meier* und Willi Raupach übernachteten, die vorher noch nicht ins Visier des MfS geraten waren.[114]

Die am 24. August 1915 als Tochter eines Postschaffners geborene Eva Meier* hatte 1941 einen Uhrmacher geheiratet und in dessen Geschäft gearbeitet. Ihr Ehemann wurde kurz nach Kriegsende „von der Sowjetarmee erschossen".[115] Meier* war Mutter zweier Kinder. Nach Angaben des MfS ging die damals 38-Jährige seit 1945 keiner geregelten Beschäftigung nach und bestritt ihren Lebensunterhalt mit dem Verkauf von Schmuckwaren auf dem Schwarzmarkt. 1949 nahm sie schließlich eine Tätigkeit als Kontoristin auf.[116]

Der Landarbeitersohn Willi Raupach, am 8. Mai 1912 in Schlesien geboren, kam 1937 nach Berlin. In der Wehrmacht erreichte er den Rang eines Obergefreiten und geriet 1945 in französische Kriegsgefangenschaft. Von 1947 bis 1949 übte er in Berlin Tätigkeiten in verschiedenen metallverarbeitenden Betrieben aus. Mittlerweile geschieden, war der 41-Jährige Vater von vier Kindern. Am 15. Mai 1951 wurde er wegen Buntmetalldiebstahls verhaftet und zu einer Zuchthausstrafe von 18 Monaten verurteilt, die mit der Amnestie zum zweiten Jahrestag der DDR auf die Hälfte reduziert wurde. Danach arbeitete er als Versicherungsagent im Westteil Berlins und beteiligte sich an Schwarzmarktgeschäften mit Kaffee. Meier* und Raupach teilten sich eine Wohnung.[117]

Dass Lange-Werner während seines Berlin-Aufenthaltes mit seiner Bekannten auch die Westsektoren besucht hatte, entging den Beschattern. Davon erfuhr die Geheimpolizei erst später von „Blume".[118] Dieser berichtete auch, dass Lange-Werner nun über viel Geld verfüge und einen länger geplanten Wochenendausflug nach Senftenberg am 26. und 27. Juli 1953 in die Tat umsetzen würde.[119] Der VP-Offizier Schulz alias „Blume" sollte den politisch

„Schwankenden" spielen und versuchen, Lange-Werner dort aus der Reserve zu locken.[120] Zur Tarnung nahm er seine Lebensgefährtin mit, sodass der Ausflug letztlich zu viert stattfand.

Wieder mit Erfolg: Ausführlich berichtete er über politische Meinungsäußerungen Lange-Werners. Die „westliche Welt ist der unsrigen überlegen – Überschrift über jedes angeschnittene Thema; fühlt sich in der westlichen Atmosphäre wohler, freier", schrieb „Blume". Ihm gelang es, Nachnamen und Adresse der weiblichen Begleitung Lange-Werners aus dem Gästebuch des Senftenberger Hotels zu ermitteln. Die am 29. Dezember 1925 geborene Brigitte Klump arbeitete als Stenotypistin in Berlin. Aus den Gesprächen zwischen Lange-Werner und „Blume" erfuhr das MfS, dass ein „Willi" genanntes „Faktotum" als Verbindungsmann zwischen Lange-Werner und Klump fungierte.[121] Diese Informationen deckten sich mit denen, die das MfS auch durch seine Beschattung erhalten hatte, denn die 28-jährige Klump hatte nach ihrer Rückkehr in Berlin sofort Eva Meier* und Willi Raupach aufgesucht.[122]

1.5 „Wurde festgelegt, Ltn. Lange-Werner festzunehmen" Erich Mielke schließt den Gruppenvorgang „Gesindel"[123]

Nach dem Volksaufstand am 17. Juni 1953, für den die SED-Spitze auch das MfS verantwortlich machte, sollte ein Führungswechsel im Staatssicherheitsdienst dafür sorgen, dass die Geheimpolizei die von der Partei in sie gesetzten Erwartungen zukünftig besser erfüllen würde. Minister Zaisser verlor sein Amt. Seinen Platz nahm am 24. Juli 1953 Ernst Wollweber ein – als nunmehr zurückgestufter und dem DDR-Innenminister unterstellter Staatssekretär für Staatssicherheit. Erich Mielke, bislang Staatssekretär Zaissers, blieb als nun stellvertretender Staatssekretär im Amt. Mit Wollweber begann eine der „härtesten Repressionsphasen"[124] der DDR-Geschichte. Zaissers Vorgehen, das für eine gewisse operative Sorgfalt stand, galt nun als Schwäche. Die sowjetischen Berater setzten fortan bei der Zerschlagung westlicher Verbindungen in der DDR auf eine deutlich offensivere Strategie und leiteten den Staatssicherheitsdienst bei der Umsetzung dieser Vorgabe konzeptionell an. Im Mittelpunkt standen zentral gesteuerte Massenverhaftungen, die propagandistisch herausgestellt wurden. Die Geheimpolizei und ihr neuer Chef standen unter enormem Druck.[125]

Mielke lieferte Wollweber einen ersten Erfolg: Krug fasste am 28. Juli 1953 die Ermittlungsergebnisse zum Vorgang „Gesindel“ zusammen. In den zurückliegenden vier Monaten war es dem MfS gelungen, seinen Kenntnisstand über die Aktivitäten Lange-Werners wesentlich zu erweitern. Ausgehend von den Informationen aus dem Vorgang „Förster“, die eine Verbindung zu amerikanischen Diensten nahelegten, wusste die Geheimpolizei mittlerweile, dass der VP-Offizier sich für die MiG 15 interessierte, Kontakte in West-Berlin besaß und dabei offenbar mit Klump, Raupach und Meier* zusammenwirkte. Die Ermittlungen ergaben zwar, dass Raupach bisher politisch nicht „negativ in Erscheinung getreten“[126] war. Dennoch zeichneten sich die Konturen einer Gruppe ab. Unklar blieb der Charakter des Verhältnisses zwischen Lange-Werner und seinem Offizierskameraden Baum*. Bei ihm konnten die Spitzel keine „feindliche Tätigkeit“ zutage fördern: GI „Fulda“ informierte seine Führungsoffiziere, Baum* habe ein Angebot der Junkers-Werke, in den Westen zu wechseln, abgelehnt. Und was sich zwischenzeitlich in Bad Düben ereignet haben könnte, wusste das MfS auch noch nicht.[127]

Am 29. Juli 1953 verfügte Erich Mielke handschriftlich auf der Vorlage Krugs, den Vorgang sofort abzuschließen. Lange-Werner, Raupach und Klump sollten festgenommen werden. Bei Raupach und Klump sollte geprüft werden, welche „Möglichkeiten“[128] beide böten. Darunter verstand der Staatssicherheitsdienst eine „besondere Form der Werbung von Inoffiziellen Mitarbeitern“, mit der für westliche Nachrichtendienste tätige Personen „umgedreht“ werden sollten.[129]

Der Befehl Erich Mielkes wurde noch am gleichen Tag in einen Maßnahmenplan überführt: Nach seiner Festnahme sollte Lange-Werner sofort vernommen werden. Dazu reisten um 17.00 Uhr Mitarbeiter der HA I nach Kamenz. In Berlin überwachte der Staatssicherheitsdienst die Wohnungen von Klump beziehungsweise Raupach. Nach deren konspirativer Festnahme sollten MfS-Mitarbeiter beide in einer VP-Inspektion verhören. Ziel war es, Lange-Werner der feindlichen Tätigkeit zu überführen, um ihn den Gerichten zu übergeben. Durch die Vernehmungen von Raupach und Klump sollte weiteres belastendes Material gegen Lange-Werner gewonnen werden.

Falls sich bei beiden eine „eigene feindliche Tätigkeit" herausstellen sollte, wurde erwogen, sie ebenfalls vor Gericht zu stellen oder abzuwerben. Für den Fall, dass sich der Verdacht gegen Lange-Werner nicht erhärten sollte, war dieser trotzdem in Disziplinarhaft zu nehmen und aus der VP „auszustoßen".[130]

Sowohl der Fall Lange-Werner in Sachsen als auch derjenige der Gruppe „Förster" in Mecklenburg-Vorpommern unterstreichen die Leistungsfähigkeit, die die MfS-Spionageabwehr bereits in den frühen 1950er-Jahren besaß. In den beiden Fällen gelang es dem Staatssicherheitsdienst, in jeweils knapp sechs Monaten Spionage zu erkennen und wichtige Details zu ermitteln. Die sowjetischen Berater bauten das MfS systematisch zu einem Instrument aus, das Spionage wirksam bekämpfen konnte. Dabei war für Offiziere, die diesen Kurs mit seinen brutalen Methoden nicht mittrugen, in der Geheimpolizei kein Platz mehr, wie das Beispiel Richard Horn in Neubrandenburg zeigt.

1.6 „Ein elektrisches Gerät für das Schießen mit Bordwaffen beim Kurvenflug"
Was gab Christian Lange-Werner an den Westen weiter?[131]

Lange-Werner lieferte den Amerikanern – und in geringerem Umfang auch dem westdeutschen Geheimdienst – ausweislich der Ermittlungen des MfS wertvolle und thematisch breit gefächerte Informationen und Materialien.[132] Das betraf etwa die Namen von Kommandeuren, anstehende Strukturveränderungen und Entlassungen bei der VP-Luft sowie die damit verbundenen Änderungen an Lehrplänen und von Unterrichtsmaterialien.[133] Auch die Fragen für bevorstehende Prüfungen in der Dienststelle Kamenz gelangten in den Westen.[134]

Einen Schwerpunkt seiner Berichte bildeten die Flugplätze in Cottbus, Görlitz, Dessau und Kamenz. Er übermittelte Angaben zu Größe, Platzverhältnissen, Ausbaumaßnahmen sowie zur Art der Hallen und Unterkünfte.[135] Ein besonderes Augenmerk legte Lange-Werner auf die hier stationierten Militärflugzeuge, insbesondere den Düsenjäger MiG 15, und die taktische Ausrichtung der militärischen Verbände. In Bezug auf den Schulflugbetrieb in Kamenz meldete er, dass dort zunächst nur drei Unterrichtsmodelle des Flugzeugtyps MiG 15 vorhanden seien.[136]

Die Amerikaner interessierten sich vor allem für die technischen Parameter der MiG 15. Lange-Werner, der in Kamenz das Fachgebiet Triebwerke unterrichtete und dadurch über einen großen Einblick verfügte, übermittelte eine Vielzahl an Details. Diese umfassten beim Triebwerk beispielsweise Drehzahlen, Schubleistung und Brennstoffverbrauch sowie Instrumentierung und Tankinhalt. Er erläuterte „Silber", wie viel Zeit zur Auswechslung eines Triebwerkes und einer Tragfläche der MiG 15 benötigt würde, beschrieb ihm den Mechanismus des Katapultsitzes und informierte über die Landegeschwindigkeit des Düsenjägers. Die Amerikaner erfuhren von ihm, dass die Höhenmessung bei der MiG 15 nach dem Funkmessverfahren erfolgte. Auch die Farbkennzeichnung von Hydraulik- und Pressluftleitungen, Typschildern, Werk- und Reifennummern, eine achtseitige Anweisung über Wartungs- und Funktionskontrolle der MiG 15 und Unterlagen mit Fachtermini zum Flugwesen gab er weiter.[137]

Als ihm ein Hauptmann aus dem Innenministerium der DDR vom Vortrag eines sowjetischen Offiziers erzählte, „dass die gegnerischen Flugzeuge der MiG 15 bewaffnungsmäßig überlegen"[138] seien, gelangte auch dieser Hinweis an „Silber". Der erhielt ebenso einen „Bericht über das Auftreten von Erkrankungen von Flugzeugführern der Flugzeuge MiG 15" – ein offenbar großes Problem, vor dem die VP-Luft stand.[139] Lange-Werners größte Leistung als V-Mann bestand darin, dass er den Amerikanern ein Kreiselvisier zugänglich machte. Dieses wichtige Gerät aus der MiG 15 diente zur Bestimmung von Schusswinkeln der Bordwaffen.[140]

Die Amerikaner baten Lange-Werner um weitere Informationen, zum Beispiel, ob bei den Verbesserungen an den Triebwerken auch der Rumpf des Flugzeuges erweitert worden sei. Es gelang ihm jedoch nicht, alle Fragen zu beantworten.[141]

Für die Amerikaner waren die Materialien, die er zur Verfügung stellte, von großem Wert. Die zahlreichen und meist sehr detailreichen Berichte über die VP-Luft, die Schule in Kamenz und die Skizzen und Lagepläne dieses Standortes sowie des Flugplatzes erleichterten es amerikanischen Diensten, die Einsatzfähigkeit und die Kampfkraft der VP-Luft zu beurteilen.[142] Eingeflossen sind dabei sicher auch die Berichte über die schlechte Moral der VP-Offiziere.[143] Auch die Namen der Kommandeure Oberst Leopold und Major Büchel finden sich in den US-Unterlagen. Die Amerikaner kannten die Typen und zahlenmäßige Stärke der stationierten Militärmaschinen und wussten, dass in Kamenz die Ausbildung zunächst an Flugzeugattrappen erfolgte.[144]

In den Berichten finden sich detaillierte Angaben zur Aufbewahrung von Studienmaterialien, zu den Geheimhaltungsvorschriften und den Sicherungssystemen für diese Unterlagen. Die Amerikaner wussten auch, dass die Instrukteure darüber klagten, sie würden die Unterrichtsmaterialien zu spät erhalten, weshalb sie sich nicht richtig vorbereiten könnten. Zudem müssten Notizen immer abgegeben werden. Insgesamt verfügten die Amerikaner über einen guten Kenntnisstand bei den Ausbildungsinhalten.[145]

Die Angaben, die Lange-Werner amerikanischen und westdeutschen Nachrichtendiensten übermittelte, entsprechen dem heutigen Stand der zeithistorischen Forschung.[146] Auf der Grundlage amerikanischer Geheimdienstinformationen lässt sich zudem zeigen, dass die Amerikaner über die Vorgänge innerhalb der VP-Luft sehr gut im Bilde waren. Die einzelnen Berichte bieten keinen Aufschluss über die jeweiligen Informationsgeber. Neben Lange-Werner verfügten die amerikanischen Nachrichtendienste sicherlich noch über weitere Quellen.[147] Doch inhaltlich gibt es zur Tätigkeit Lange-Werners viele Bezüge.

2. Berlin-Hohenschönhausen
Untersuchungshaft beim DDR-Staatssicherheitsdienst

2.1 „Und dann von einem Vertreter des MfS verhaftet“ Festnahmen und erste Verhöre[148]

Der Staatssicherheitsdienst schlug schnell zu. Willi Raupach leistete bei seiner Verhaftung am 29. Juli 1953 heftigen Widerstand.[149] Sein erstes Verhör in der Polizeiinspektion Weißensee dauerte die gesamte Nacht von 21.30 bis 5.00 Uhr am Morgen. Laut Protokoll räumte er Kurierfahrten für einen westdeutschen Nachrichtendienst ein.[150] Zudem hätten seine Aussagen es dem MfS ermöglicht, weitere „Verhaftungen im Zivilbereich“[151] vorzunehmen, die allerdings aus den Vernehmungsprotokollen und weiteren eingesehenen Dokumenten nicht hervorgehen. In den Erstvernehmungen versuchten die Offiziere, an ihnen nicht bekannte Informationen zu gelangen, um weitere Beteiligte festnehmen zu können.

Zeitgleich durchsuchte das MfS die Wohnung Raupachs.[152] Die mit ihm zusammenwohnende Eva Meier* nahm deshalb zu Recht an, er sei verhaftet worden. Sie versuchte sich am nächsten Tag in West-Berlin bei seinem Bruder zu informieren. Ihr Plan, am Tag darauf den westdeutschen Geheimdienst zu benachrichtigen, ging nicht mehr auf: Auch Eva Meier* wurde festgenommen.[153]

In Kamenz lockte „Fulda“ Lange-Werner am Morgen des 29. Juli 1953 unter einem Vorwand zum Flugplatz. Dort verhafteten ihn zwei Stasimitarbeiter.[154] Die erste Vernehmung durch örtliche Kräfte des Staatssicherheitsdienstes blieb bis 18.00 Uhr ergebnislos.[155] Offenbar gelang es erst dem eigens aus Berlin angereisten Stasi-Hauptmann Kurt Würzberger, aus Lange-Werner zumindest herauszupressen, er habe mit seinen Fahrten nach West-Berlin gegen Dienstvorschriften verstoßen. Würzberger vermochte es jedoch nicht, den VP-Offizier zu weiteren belastenden Aussagen zu bewegen.[156]

Unterdessen kam der ein Wochenende zuvor in Senftenberg vereinbarte Ablauf in Gang, wie Brigitte Klump dem MfS bei ihrer ersten Befragung verriet. Unbemerkt vom MfS kam Klump am Abend des 29. Juli 1953 in Kamenz an und begab sich zur Wohnung der Familie Baum*. Dort traf sie aber nur auf Lotte Lange-Werner, die auf ihren Mann wartete. Die beiden Frauen, die sich nicht kannten, beschlossen, nach Lange-Werner zu suchen, und holten zuerst das Ehepaar Baum* vom Kino ab. Nach einer erfolglosen Suche kamen sie in der Wohnung Baum* zusammen. Hier übergab Klump Unterlagen und ein Kreiselvisier an Baum*. Dieses wichtige Gerät aus der MiG 15 hatte sie von Lange-Werner in Senftenberg zur Weiterleitung an die Amerikaner erhalten. Baum* bekam es offensichtlich mit der Angst zu tun: Er schaltete kein Licht an und forderte seine Frau auf, das Kreiselvisier im Haus zu verstecken. An den Reaktionen der beiden anderen Frauen erkannte Klump, dass sowohl Lotte Lange-Werner als auch Frau Baum* von den Aktivitäten Lange-Werners wussten. Mit der Begründung, sie könne in seinem Haus nicht bleiben, da die Volkspolizei hier zuerst suchen würde, wurde Klump von Baum* schließlich weggeschickt. Da kein Zug mehr fuhr, suchte Klump den ihr aus Senftenberg bekannten Hauptmann Schulz – GI „Blume" – auf. Da er bei ihren konspirativen Absprachen mit Lange-Werner nicht dabei gewesen war, ging sie davon aus, dass er von ihrer Tätigkeit nichts ahnte. Er riet ihr, sich in der Nähe ein Zimmer zu nehmen.[157]

Am nächsten Tag, dem 30. Juli 1953, half „Blume" bei der Verhaftung Klumps – ohne dass sie seine Tätigkeit für den Staatssicherheitsdienst durchschaute: „Als ich am Morgen [...] auf dem Wege nach Kamenz war, wurde ich zur Verwunderung des ahnungslosen mich mit seinem Fahrrad begleitenden Hauptmannes festgenommen."[158] Bei einer Leibesvisitation fand das MfS über 1000 Mark – Geld, das sie von „Silber" erhalten hatte, wie sie beim Verhör gestand.[159] Laut Protokoll ihrer Erstvernehmung belastete sie Lange-Werner, ohne dass der Staatssicherheitsdienst ihre eigene „feindliche Tätigkeit" feststellen konnte.[160]

Danach brachte das MfS Brigitte Klump und Lange-Werner in das Untersuchungsgefängnis Berlin-Hohenschönhausen. Hier verhörte Würzberger den VP-Offizier von 22.30 Uhr bis 9.35 Uhr noch einmal, der damit seit seiner Vernehmung in Kamenz nicht zur Ruhe kam. Was das MfS schon aus dem Vorgang „Gesindel“ wusste, erhärtete sich: Die Ergebnisse der ersten Verhöre und die bei den Durchsuchungen gefundenen Gegenstände und Unterlagen deuteten auf Spionage.[161] Und die Stasi-Offiziere erfuhren immer mehr: Der Kreis um Lange-Werner war noch größer gewesen.

Zeitgleich zu den Verhören suchte in Kamenz Frau Baum* ihre Freundin Frau Demann auf, deren Ehemann Rudolf zu den Offizierskameraden von Adam Baum* und Christian Lange-Werner gehörte. Beide Frauen fragten sich, ob der verschwundene Lange-Werner verhaftet worden war oder in den Westen geflohen sei. Am Nachmittag wurde Rudolf Demann von Baum* informiert, dass sich das Kreiselvisier in seinem Besitz befand. Der war erschrocken, aber auch erleichtert, dass er das Gerät, das er im Auftrag Lange-Werners besorgt hatte, zurückbekam und wieder in die Kaserne bringen konnte.[162]

Der am 11. September 1917 in Magdeburg geborene Rudolf Demann hatte ursprünglich den Malerberuf erlernt. 1936 meldete er sich freiwillig zur Kriegsmarine, diente während des Krieges aber als Oberfeldwebel bei der Luftwaffe. Am 17. Mai 1945 geriet er in amerikanische Kriegsgefangenschaft und wurde an die Sowjetunion übergeben. Dort besuchte Demann eine der Antifaschistischen Frontschulen und kehrte erst 1949 nach Deutschland zurück. Hier trat er in die SED ein und arbeitete in der Waggonfabrik Dessau, erst als hauptamtlicher Parteisekretär und 1950 als Personalleiter. Seit August 1952 diente er in der VP-Luft. Mit seiner Frau hatte der 36-Jährige drei Kinder.[163]

Da „durch die Vernehmungen in Berlin weiter bekannt wurde, dass Baum* und Demann in Verbindung standen und der Spionage beschuldigt wurden“[164], setzte der Staatssicherheitsdienst seine Verhaftungen fort: Am Abend des 31. Juli 1953 nahm Abteilungskommandeur Major Büchel – GI „Fulda“ – zunächst Baum* in Arrest und übergab ihn einen Tag später dem MfS. Am 2. August 1953 verhaftete die Geheimpolizei auch Demann und brachte beide Gefangenen nach Berlin-Hohenschönhausen.[165] In seinem ersten Verhör bestritt Baum*, sich schuldig gemacht zu haben, und verlangte eine Gegenüberstellung mit Lange-Werner.[166]

Bei der Durchsuchung der Wohnungen Baums* und Demanns stellte Leutnant Wilke, der im April auch schon die Kasernenunterkunft Lange-Werners mit Erfolg kontrolliert hatte, neben fachlichen

Aufzeichnungen zur Höhengeschwindigkeit von Flugzeugen auch Glasröhrchen sicher, die wahrscheinlich Geheimtinte enthielten.[167] Frau Demann räumte ein, das Kreiselvisier in die Kaserne zurückgebracht zu haben. Beide Frauen wurden nicht inhaftiert, sondern mussten lediglich eine Schweigeverpflichtung unterzeichnen.[168] Wilke informierte Major Neumann, der die Vernehmungen in Hohenschönhausen leitete, über die Ergebnisse der Durchsuchungen, der diese Hinweise in den Verhören nutzen konnte.[169]

Der Vernehmungsoffizier konnte die neuen Erkenntnisse zielführend einsetzen. Lotte Lange-Werner, die am 30. Juli 1953 nach Tannenberg zurückgefahren war, wurde am 4. August 1953 festgenommen.[170] Am gleichen Tag meldete Krug stolz an Generalmajor Pech, dass der Vorgang „Gesindel“ jetzt „bei uns erfolgreich abgeschlossen wurde“.[171]

2.2 „Hätte man ihn bestimmt in eine bessere Zelle und nicht Dunkelzelle gesperrt“ Die Haftbedingungen in Hohenschönhausen[172]

Es gehörte zum Auftrag des Staatssicherheitsdienstes, die von ihm durchgeführten Verfahren in der Untersuchungshaft mit Ergebnissen abzuschließen, die den Interessen der SED entsprachen. Wer in Untersuchungshaft geriet, war bereits als „Gegner“ abgestempelt. Die Untersuchung diente in den meisten Fällen nur noch dazu, ein bereits feststehendes Urteil zu bestätigen. Zu klären war auch das weitere Vorgehen: Sollten die der Spionage bezichtigten Häftlinge an die Justiz übergeben oder zur Mitarbeit als Spitzel „überworben“ werden? All dies vollzog sich im Verborgenen: Die Strafprozessordnung der DDR von 1952 räumte zwar die Möglichkeit ein, einen Rechtsanwalt zu konsultieren und Angehörige zu kontaktieren – allerdings unter dem Vorbehalt, dass dadurch der „Zweck der Untersuchung [...] nicht gefährdet werden“[173] dürfe. Mit dieser rechtsstaatlichen Fassade sollte der Unrechtscharakter der SED-Diktatur kaschiert werden. Auch die Angehörigen erhielten keine Auskunft über den Verbleib der Inhaftierten.[174]

Lange-Werner und die anderen Inhaftierten – seine Frau, Eva Meier*, Brigitte Klump, Willi Raupach, Rudolf Demann, Horst Wieland und Adam Baum* – trafen in Hohenschönhausen auf den Haftrichter Kurt Krautter (1904 bis 1978). Er gehörte seit 1924 der KPD an und hatte nach 1945 einen Volksrichterlehrgang besucht – einen Schnellkurs zum linientreuen Ersatzrichter, da das SED-Regime den bürgerlichen Fachjuristen zutiefst misstraute. Danach betätigte sich Krautter fast ausschließlich als Haftrichter für die Stasi am Stadtbezirksgericht Berlin-Mitte und erhielt zahlreiche Auszeichnungen des MfS.[175]

Krautter eröffnete den Häftlingen die Inhalte der Haftbefehle.[176] Die juristische Grundlage der Strafverfolgung beruhte auf dem Artikel 6, Absatz 2 der DDR-Verfassung von 1949:

> „Boykotthetze gegen demokratische Einrichtungen und Organisationen, Mordhetze gegen demokratische Politiker, Bekundung von Glaubens-, Rassen-, Völkerhass, militärischer Propaganda sowie Kriegshetze und alle sonstigen Handlungen, die sich gegen die Gleichberechtigung richten, sind Verbrechen im Sinne des Strafgesetzbuches."[177]

Neben diesem Gummiparagrafen, der weder genaue Tatbestände noch einen konkreten Strafrahmen definierte, instrumentalisierte die Justiz in der Frühphase der SED-Diktatur auch das Besatzungsrecht, indem sie auf die eigentlich der Entnazifizierung dienende Kontrollratsdirektive Nummer 38, Abschnitt II, Artikel III A III vom 12. Oktober 1946 zurückgriff, um ihre politischen Gegner zu verfolgen. Darin hieß es:

> „[Strafbarer] Aktivist ist auch, wer nach dem 8. Mai 1945 durch Propaganda für den Nationalsozialismus oder Militarismus oder durch Erfindung und Verbreitung tendenziöser Gerüchte den Frieden des deutschen Volkes oder den Frieden der Welt gefährdet hat oder möglicherweise noch gefährdet."[178]

Hinzu kamen weitere strafrechtliche Vorwürfe wie beispielsweise der Versuch, Verbrechen zu begehen, die Mitwirkung an verbotenen Handlungen, Unterschlagung sowie der Vorwurf, trotz Kenntnis der Vergehen nichts dagegen unternommen zu haben.[179]

Die Untersuchungshaft war auf die physische und psychische Kontrolle der Gefangenen ausgelegt, die sie systematisch brechen sollte. Das Kellergefängnis in Hohenschönhausen – von vielen Inhaftierten als „U-Boot“ bezeichnet – bestand aus circa 60 fensterlosen Zellen, die spärlich mit einer Pritsche, ohne sanitäre Anlagen und lediglich mit einem Kübel für die Notdurft ausgestattet waren. Wenn man Bauwerk und Innenausstattung zusammen betrachtet, ergibt sich die Funktion der einzelnen Räume vollständig: Die menschenverachtenden Haftbedingungen zielten darauf ab, die Gefangenen für die Vernehmungen gefügig zu machen.[180]

Die Häftlinge trugen eine besondere, sie entwürdigende Kleidung: „Also das waren ehemalige Volkspolizei-Uniformen, die man anhatte, und solche Holzpantinen.“[181] Andere erinnern sich an „Häftlingsbekleidung, graue Unterwäsche und blauen Anzug mit roten Streifen an Ärmeln und Hosenbeinen und, was mich besonders störte, waren Lederschuhe mit dicken Holzsohlen, mit denen ich also überhaupt nicht richtig gehen konnte“.[182] Auch die Verpflegung war dürftig:

> „Man wurde um sechs Uhr früh geweckt, dann gab es irgend so einen Kaffeeersatz und eine magere Scheibe Brot mit Margarine eingekratzt. Dann geschah nichts, bis mittags wieder irgendein Wassersüppchen gegeben wurde und abends wieder so eine Scheibe Brot und manchmal eine Zwiebel, vermutlich um Skorbut zu verhindern, eine rohe Zwiebel.“[183]

2.3 „Trafen offensichtlich zwei feindliche Linien aufeinander“

Die Ergebnisse der ersten Verhöre[184]

Die Gruppe um Lange-Werner befand sich zehn Wochen in Hohenschönhausen und in der Haftanstalt in der Magdalenenstraße. Bereits nach den ersten Verhören, die bis zum 5. August 1953 stattfanden, entstand für die Staatssicherheit schnell Gewissheit: Lange-Werner betrieb für einen amerikanischen Nachrichtendienst Militärspionage. Die Informationen aus unterschiedlichen verdeckten Ermittlungen und Bespitzelungen fügten sich zu einem Bild, das allmählich schärfere Konturen gewann. So kannte der Staatssicherheitsdienst den Offizier Paschke bereits als einen Mitarbeiter des amerikanischen Geheimdienstes. Dagegen führte Raupach für einen westdeutschen Geheimdienst zahlreiche Kurierfahrten in der gesamten DDR durch, wo er tote Briefkästen befüllte und entleerte. Seine Ansprechpartner nannten sich „Berger" und „Fricke".[185]

Der Vernehmungsgruppe gelang es, aufbauend auf den Erkenntnissen des Vorganges „Gesindel", die Aktivitäten der Inhaftierten ab dem Zeitpunkt zu rekonstruieren, zu dem das MfS die Überwachung Lange-Werners vor seinem Kurantritt abgebrochen hatte: Lange-Werner, Brigitte Klump, Eva Meier* und Raupach hatten sich vom 12. Mai bis 9. Juni 1953 während des gemeinsamen Kuraufenthaltes in Bad Düben kennengelernt. Dort teilten sich Klump und Meier* ein Zimmer. Es war Klump, die den Kontakt zu Lange-Werner suchte und „einen Sportlehrer gebeten hatte, mich vorzustellen. Das war aber ganz in privater Absicht geschehen".[186]

Nun entstand ein komplexes Beziehungsgefüge: Während Lange-Werner versuchte, Brigitte Klump für den amerikanischen Nachrichtendienst zu werben, wollte Eva Meier* ihn für einen westdeutschen Geheimdienst – die Organisation Gehlen, Vorläuferin des späteren Bundesnachrichtendienstes – gewinnen. Meier* bat Klump, sie mit Lange-Werner bekannt zu machen, und lud Raupach nach Bad Düben ein, der mit Lange-Werner die weitere Verfahrensweise besprechen sollte.[187] Lange-Werner wiederum bestellte seinen Freund Horst Wieland in den Kurort. Im Beisein von Klump, die nur bereit war, für ihn Botengänge zu übernehmen, diktierte er einen Bericht, den sich Wieland mit Geheimtinte chiffriert notierte und nach West-Berlin brachte.[188] Von Januar bis März 1953 waren sowohl Wieland als auch Lotte Lange-Werner je zweimal in West-Berlin.[189]

Horst Wieland, am 3. Dezember 1906 in Geyer im Erzgebirge geboren, erlernte den Beruf eines Mechanikers und eröffnete 1930 seine eigene Reparaturwerkstatt. 1932 trat er der NSDAP bei. Von 1939 bis 1945 diente er in der Wehrmacht. Der verheiratete Vater von zwei Kindern führte nach dem Krieg seine Werkstatt in Geyer weiter. Zuvor noch nicht in den Blick des MfS geraten, wurde der 47-Jährige nun am 2. August 1953 ebenfalls verhaftet.[190] Bei ihm fand der Staatssicherheitsdienst einen Zettel mit der Telefonnummer „Silbers", der später als Beweismittel diente.[191]

Nach dem Ende des Kuraufenthaltes verlagerten sich die Aktivitäten Lange-Werners nach Kamenz in die Wohnung von Baum*.[192] Hier trafen sich Raupach am 16. Juni und Brigitte Klump am 27. und 28. Juni 1953 mit Lange-Werner. Er diktierte ihr einen Bericht, den sie mit Geheimtinte schrieb. Nach Berlin zurückgekehrt, richtete sie Raupach aus, Lange-Werner habe noch keinen toten Briefkasten anlegen können, weshalb Raupach am 11. Juli 1953 noch einmal von Lange-Werner Material für den westdeutschen Nachrichtendienst abholte. Und wenige Tage später übergab Klump in West-Berlin militärische Informationen an die beiden Amerikaner „Silber" und „Kunert".[193]

Der Staatssicherheitsdienst ergänzte systematisch seinen Sachstand aus den Überwachungsberichten des Vorganges „Gesindel" mit neuen Erkenntnissen aus den Verhören: Das betraf vor allem den Aufenthalt Lange-Werners vom 17. Bis 20. Juli 1953 in Berlin.[194] In der Wohnung von Eva Meiers* Schwester diktierte er Brigitte Klump einen Bericht mit Informationen zur VP-Luft. Der VP-Offizier fuhr auch zweimal nach West-Berlin: Dort hatte Raupach ein Zusammentreffen mit seinem Kontaktmann beim westdeutschen Nachrichtendienst mit dem Decknamen „Fricke" organisiert, bei dem sich Lange-Werner zur Zusammenarbeit bereit erklärte. Im Beisein Klumps übergab er außerdem Unterlagen an „Silber". Der amerikanische Geheimagent unterbreitete Lange-Werner das Angebot, in West-Berlin hauptberuflich für die Amerikaner zu arbeiten. Lange-Werner versprach, darüber nachzudenken und vor seinem Wechsel noch zwei Mitarbeiter in Kamenz zu suchen, die ihn ersetzen könnten.[195]

2.4 „Dafür sorgen, dass Sie lebenslänglich bekommen" Die Verhörpraxis[196]

Die Vernehmungen, die die von Major Willy Neumann geleitete Untersuchungsabteilung der HA I in Hohenschönhausen durchführte, fanden in spartanisch eingerichteten Räumen im Obergeschoss des späteren Haftkrankenhauses statt.[197] Ein zeitgleich mit Lange-Werner inhaftierter junger Mann erinnerte sich später an die Situation, die er bei seinem Verhör vorfand:

> „Also es war nur dieser Schreibtisch, mein Hocker, weiter war nichts drin. Der Hocker musste ja in der Ecke stehen, 50 Zentimeter von diesen beiden Wandflächen in der Ecke entfernt stehen, damit ich mich nicht anlehnen konnte. [...] Und auf dem Schreibtisch hatte er sein Telefon und seine Lampe, die so geschaltet war mit dem Lampenschirm, dass ich angestrahlt wurde und er gerade noch auf der Schreibfläche Licht hatte."[198]

Eine besondere Bedeutung kam aus Sicht des MfS den ersten Vernehmungen zu, in denen die Stasi den Schock über die Verhaftungen ausnutzte. Allein in den ersten sieben Tagen, auch am Wochenende vom 1. und 2. August 1953, mussten sich Lotte Lange-Werner, Eva Meier* und Baum* je einem, Lange-Werner sieben, Raupach fünf, Demann sechs, Wieland drei und Brigitte Klump sechs Verhören stellen. Insgesamt ist für die Zeit bis Ende September eine hohe Zahl von Vernehmungen überliefert: Während Raupach auf 25 Befragungen kam, Lange-Werner auf 19, Baum* auf 17, Demann auf elf, waren es bei Meier* sieben und bei Wieland und Lotte Lange-Werner je vier.

Die Verhöre dauerten in der Regel mehrere Stunden, setzten die Angeklagten enorm unter Druck und lösten Stress aus. Die Häftlinge waren der Willkür der Vernehmer ausgeliefert. Für die erste Hälfte der 1950er-Jahre sind physische Gewalt und massive Drohungen vielfach belegt, sie lassen sich auch bei diesen Verhören nachweisen[199]: Meiers* Bruder berichtete später, seine Schwester habe „nur durch Misshandlungen bei der Untersuchung ein Geständnis abgelegt".[200] Raupach schrieb an den Generalstaatsanwalt der DDR, er „möchte nicht mehr zurückdenken an die Tage der Vernehmung, als er mehr zugab, als er getan hatte". Die Angaben in den unterschriebenen Protokollen seien nur „durch Drohungen der Vernehmer zustande gekommen. Diese hätten ihm gesagt: ‚Ich werde dafür sorgen, dass Sie lebenslänglich bekommen.'"[201]

Mit welchen Methoden gelangte der Staatssicherheitsdienst an die Informationen? Die Häftlinge sollten nicht nur durch physische Gewalt gebrochen und zu Aussagen genötigt werden. Der Staatssicherheitsdienst griff auf eine Vielzahl von Verhaltens- und Kontrolltechniken zurück: Die Mitarbeiter der Abteilung XIV schränkten die Befriedigung menschlicher Bedürfnisse massiv ein, um die Häftlinge gefügig zu machen. Zum einen geschah dies durch systematisch herbeigeführten Schlafentzug. Nach den nächtlichen Verhören durfte tagsüber nicht geschlafen werden. Und in den Nächten, in denen die Häftlinge nicht verhört wurden und sich in der Zelle aufhielten, mussten sie eine unnatürliche Schlafposition einnehmen: „Man schlief also mit dem Gesicht zu der Glühbirne hin. Man durfte die Hände nicht unter der Decke haben.“[202] Das Schlafdefizit führte zu nachlassender Konzentrationsfähigkeit. Mit der Zeit verloren viele Gefangene den Überblick darüber, welche Angaben sie bereits gemacht hatten, zumal sie sich in der Zelle auch keine Notizen machen konnten.

Hinzu kamen eine sensorische Deprivation, also der Entzug von Sinneseindrücken durch die eintönige Farbgebung der Zellenwände, die Isolation der Gefangenen in Einzelhaft und die ununterbrochene Überwachung, die auf die Zermürbung der Häftlinge zielte[203]:

> „Da war das Ganze in dem Keller [...] so aufgebaut, dass man sich Stück für Stück [...] zergrübeln sollte. [...] Man musste bis 22 Uhr wach bleiben. Immer nur sitzen, grübeln, sitzen, grübeln und mit nichts beschäftigen. Es ging auf dem Gang ein Wachmann entlang, der alle paar Minuten – man merkte das am Klappern des Gucklochs – reinguckte, was wir tun. Ihre Hauptaufgabe war zu verhindern, dass man sich mit irgendwas beschäftigt.“[204]

Der einzige menschliche Kontakt bestand oftmals zum Vernehmer, der dadurch die Rolle einer wichtigen Bezugsperson einnehmen und psychischen Druck aufbauen konnte. Das wird besonders am Beispiel der Vernehmungsprotokolle deutlich. Aus zahlreichen Zeitzeugenaussagen wissen wir, dass erhebliche Unterschiede zwischen den tatsächlichen Abläufen und der Darstellung der Geheimpolizei bestehen. Die Offiziere formulierten Aussagen um, gaben ihnen einen anderen Inhalt und reduzierten sie auf das gewünschte Ergebnis. Die auf diese Weise mit nachteiligen und negativ wertenden Formulierungen versehenen Texte sollten dem Angeklagten seine Schuld suggerieren und waren auf dessen Verurteilung hin ausgerichtet. Der dadurch aufgebaute Druck zielte auf die „sprachliche Übermächtigung“[205] der Inhaftierten – auch weil die Häftlinge die Protokolle unterschreiben mussten:

> „‚Hören Sie mal genau zu', das steht natürlich nicht in den Protokollen, diese Zwischendialoge, [...] ‚wenn Sie hier noch lange herumlügen, dann bleiben Sie solange in dem Keller unten, wie wir wollen, nicht wie Sie wollen.' [...] Und das hat mich schon ganz schön eingeschüchtert. [...] und mit einem Mal so eine Brutalität zu erwarten, das war ich nicht gewohnt."[206]

Diese Form psychischer Gewalt zeigt sich in den Protokollen in zahlreichen Formulierungen. Hauptmann Würzberger legte Lange-Werner folgende Worte in den Mund:

> „Auf der Heimfahrt von Berlin nach Kamenz wurde es mir vollkommen bewusst, dass ich eine Spionageverbindung für den westlichen Geheimdienst aufgenommen habe. Ich war mir auch über das Verbrecherische dieser Handlung im Klaren."[207]

Auch Raupach unterschrieb unter diesem Druck einen ihn selbst belastenden Passus: „Einen Grund für meine Agententätigkeit hatte ich nicht. Mir lag daran, leicht Geld zu verdienen. Noch heute würde ich jede Gelegenheit des Geldverdienens ausnutzen, ganz gleich auf welche Art und Weise." Glaubt man dem Staatssicherheitsdienst, waren auch Raupach seine „Verbrechen" bewusst:

> „Da die Agenten Berger und Fricke wiederholt erklärten, dass die von mir geholten Spionageberichte dem Staatsapparat der ‚Bundesrepublik' zugestellt werden, war ich mir in vollem Umfang bewusst, dass sich meine verbrecherische Tätigkeit gegen die DDR richtet. Auch wusste ich, dass ich bei einer Festnahme durch die Volkspolizei mit einer strengen gerichtlichen Bestrafung zu rechnen habe."[208]

2.5 „Während der U-Haft wurde die Klump überworben" Ein Erfolg des Staatssicherheitsdienstes[209]

Mit denselben Methoden gelang es den Vernehmern, Brigitte Klump zum Reden zu bringen. Auf den 1. August 1953 ist ein umfassendes Geständnis datiert.[210] Sie wurde mehrmals vernommen, darunter ganztägig am 2. und 3. August – allein am 3. August insgesamt elf Stunden.[211]

Generell versuchten die Häftlinge der Staatssicherheit, in ihren Geständnissen die eigene Beteiligung an den ihnen zur Last gelegten Vorgängen herunterzuspielen, um sich und andere vor drohender Strafverfolgung zu schützen.[212] Auch die Inhaftierten um Lange-Werner wählten diese Strategie, die ihre Ankläger jedoch antizipierten. Haftrichter Krautter hatte aus diesem Grund bestimmt, dass Klump von den „Mittätern getrennt zu halten ist".[213] Klump versuchte zunächst, ihre Mitwirkung kleinzureden, und leugnete, das Kreiselvisier den Amerikanern übergeben zu haben.[214] Allerdings hielt sie dem massiven Druck nicht stand. Sie sagte schließlich umfassend aus und legte ein Geständnis ab.[215] Klump beschuldigte Lange-Werner, er habe „die Beziehung zu mir nur aufgenommen, um mich für seine Spionagetätigkeit auszunutzen".[216] Die vergangenen drei Tage in Hohenschönhausen „haben in mir die Erkenntnis reifen lassen, dass man ein Leben mit den von Lange-Werner verfolgten Zielen niemals aufbauen kann".[217] Ob Klump diese Erkenntnis tatsächlich gekommen ist oder es sich auch in diesem Fall um einen von dem Vernehmungsoffizier vorbereiteten „Läuterungsprozess" handelt, bleibt offen. Letzteres wäre denkbar, da dieses Geständnis allzu typisch ist für die Verhöre, die nach dem Grundmuster stalinistischer Schauprozesse geführt wurden. Dabei ging es nicht nur darum, die Häftlinge zu entwürdigen und ein Schuldeingeständnis zu erpressen. Die Delinquenten sollten auch die Einsicht in das Verbrecherische und Fehlgeleitete ihrer Taten bekunden.[218]

Bei dem Geständnis blieb es nicht: Klump wechselte die Seiten und arbeitete von nun an für den Staatssicherheitsdienst der DDR. Abgestimmt mit den „zuständigen Stellen" – damit waren die sowjetischen Berater gemeint –, sprachen die Vernehmer mit Klump über ihre „Überwerbung". Nach dreieinhalb Stunden „Rücksprache" erklärte sie schließlich „ihr Einverständnis, für uns in Westberlin tätig zu sein".[219] Sie unterschrieb eine Verpflichtungserklärung und arbeitete von nun an unter dem Decknamen „Helmtraud" für das MfS.[220] Ihr Führungsoffizier Erich Kistowski (1909–1984) gehörte zur Gründergeneration des Staatssicherheitsdienstes. Als KPD-Mitglied durchlief er 1932 und 1933 die militärpolitische Schule in Moskau. Nach Deutschland zurückgekehrt, kam er unter dem

NS-Regime zeitweise in Haft und diente in der Wehrmacht. 1952 leitete er erst die für die Überwachung der VP-Luft zuständige MfS-Abteilung, bevor er 1953 zum stellvertretenden Leiter der HA I aufstieg.[221] Der Stasi-Führungskader besprach mit Klump noch die Details der gegenseitigen Verbindungsaufnahme, bevor sie in den späten Abendstunden des 5. August 1953 aus Hohenschönhausen entlassen wurde.[222]

2.6 „Lange-Werner hätte keine Menschen verraten“ Die Berichte der Zellenspitzel[223]

Nach diesem Erfolg führte das MfS die Vernehmungen fort. Während der neun Wochen bis zur Gerichtsverhandlung Ende Oktober 1953 setzte Major Neumann zehn Vernehmer ein. Er selbst beteiligte sich nur an den Verhören von Lange-Werner, Raupach und Klump. Würzberger konzentrierte sich insbesondere auf die Vernehmungen Lange-Werners, Raupachs, Lotte Lange-Werners und Klumps. Die Anzahl der Vernehmer, die auf einen Häftling angesetzt waren, unterschied sich sehr. Während Raupach sieben Vernehmer hatte, die nach einigen Verhören aufeinander folgten, wurde Baum* nur von einem Offizier vernommen.

Erkennbar ist, dass die Stasi zunächst Eva Meier* massiv unter Druck setzte. In der zweiten Augusthälfte konzentrierte sich das MfS auf Raupach, Mitte September dann auf Lange-Werner. Dabei konfrontierten die Vernehmer Raupach und Meier* sowie Baum* und Raupach jeweils mit den Aussagen der anderen Beschuldigten.

Hierbei kam den Zellenspitzeln eine besondere Bedeutung zu. Mit ihnen stand den Vernehmern eine weitere wichtige Quelle zur Verfügung, die zusätzliche Informationen lieferte. 1953 verlegte der Staatssicherheitsdienst aus seinem Haftarbeitslager X in Hohenschönhausen 20 Häftlinge in das benachbarte „U-Boot“, die dort Untersuchungsgefangene bespitzeln mussten. Sie sollten sich das Vertrauen ihrer Zellengenossen erschleichen und ihnen Informationen entlocken. Auch inhaftierte MfS-Mitarbeiter kamen – wie im Fall von Paul Merker erwähnt – zum Einsatz.[224]

„Zelleninformatoren“ (ZI) – so bezeichnete der Staatssicherheitsdienst die mit ihm in der Regel unter Zwang kooperierenden

Häftlinge – setzte die Stasi auf Lange-Werner, Baum*, Demann und Raupach an. Diese Berichte erlauben einen Blick hinter die Kulissen, weil die Inhaftierten auch von ihren Vernehmungen erzählten.

So widersprach Baum* seinen Aussagen aus den Verhören, in denen er seine Beteiligung geleugnet hatte. Gegenüber dem Spitzel legte er offen, dass er Lange-Werner Dienstvorschriften und andere Unterlagen übergeben habe. Auch das Visier erwähnte er. Zudem seien bis zu sechs Offiziere in den Fall verwickelt. Er habe sich nicht alles richtig überlegt, denn sonst hätte er es nicht getan, schon wegen der Familie und seiner vier Kinder nicht. Ihm tue es jetzt „leid, dass er sich als alter Parteigenosse von LW so hat einspannen lassen".[225] Raupach sprach sogar von 15 VP-Angehörigen, die spionieren würden – das habe ihm Lange-Werner gesagt.[226]

Die Spitzelberichte belegen auch die große Tapferkeit der Inhaftierten im Angesicht der unmenschlichen Haftbedingungen. Insbesondere Lange-Werner versuchte, alle Beteiligten so gut wie möglich zu schützen. Er bestätigte den Vernehmern nur offensichtlich bekannte Sachverhalte, räumte aber von sich aus keine neuen ein. Erst als er merkte, dass der Staatssicherheitsdienst Bescheid wusste, habe er Dinge zugegeben, sagte er dem Zellenspitzel.[227] Der gewann den Eindruck, Lange-Werner sei „sehr zurückhaltend" und würde „kaum eventuelle Mitarbeiter preisgeben".[228] Auch Baum* ging davon aus, Lange-Werner „würde ihn doch bestimmt nicht belasten".[229] Diese Informationen nutzte der Vernehmer, um Baum* im Verhör so lange unter Druck zu setzen, bis dieser schließlich seine „verbrecherische Tätigkeit"[230] gestand.

Eine Aufgabe der Zellenspitzel bestand darin, die Aussagebereitschaft zu fördern und Vergünstigungen in Aussicht zu stellen, gerade dann, wenn die Untersuchungshäftlinge aufgebracht oder niedergeschlagen waren. So berichtete der auf Baum* angesetzte Zellenspitzel: „Er legte mir dauernd die Frage vor, was ich wohl meinte, was er tun sollte", worauf er die Antwort gegeben habe, „zur Wahrheit wäre es nie zu spät".[231]

Raupach stellten die Vernehmer in Aussicht, er werde bei vollem Geständnis und der Nennung seiner Auftraggeber seine Freiheit wiedererlangen. Nach seinen Erfahrungen traute er diesem Versprechen jedoch nicht, wie der Spitzel aufschrieb:

> „Er sagt, wenn man das mit ihm vorgehabt hätte, dann hätte man ihn bestimmt in eine bessere Zelle und nicht Dunkelzelle gesperrt und wenn schon, dann wenigstens nach einer Zeit eine Zelle zugewiesen, wo er rauchen und lesen[,] aber in jeder Hinsicht besser behandelt worden wäre.“[232]

Zudem könne er jetzt nichts mehr sagen, auch nicht, was er verschwiegen habe, weil man dann immer mehr von ihm würde wissen wollen.

Es waren immer wieder die Aussagen Brigitte Klumps, mit denen Lange-Werner, Raupach, Wieland und Meier* in den Vernehmungen konfrontiert wurden. Davon berichteten sie dann arglos den Spitzeln, mit denen sie zusammen die Zelle teilten: Bei Eva Meier* hatte der Staatssicherheitsdienst nach Gift gesucht – in Bad Düben hatte sie Klump gesagt, „dass man sie nicht lebendig bekommen würde, sollte mal etwas schief gehen, sie hat immer Gift bei sich“.[233] Wieland war sich sicher: Der Vernehmer konnte nur von Klump erfahren haben, dass er mit seinem Wagen nach Bad Düben gekommen war.[234] Lange-Werner und Raupach gingen davon aus, der jeweils andere habe ausgesagt, nachdem ihnen die Vernehmer Sachverhalte vorgehalten hatten, die nur der jeweils andere wissen konnte.[235] Sie vergaßen, dass Klump auch über sie Kenntnisse verfügte und nicht geschwiegen hatte. Lange-Werner vermutete, dass die Stasi Klump versprochen habe, „dass[,] wenn sie alles, was sie weiß[,] sagt, sie eventuell frei gelassen wird“.[236]

Der Staatssicherheitsdienst erfuhr auch, dass Raupach geglaubt habe, Lange-Werner sei bei einem vollen Geständnis die Freiheit in Aussicht gestellt worden. Am Tag der Einlieferung habe er gehört, wie ein Offizier mit dem Insassen der Nachbarzelle gesprochen habe, und dabei die Stimme von Lange-Werner erkannt. Der Offizier habe gesagt, Lange-Werner solle dem Major [Neumann] alles sagen, dann würde er auch freikommen. Lange-Werner habe darauf erwidert, dass er das tun werde – und Raupach glaubte, Lange-Werner habe so gehandelt, wie er in der Vernehmung eingestand.[237]

Die Geheimpolizei verunsicherte Raupach gezielt mit „Weibergeschichten“[238] Lange-Werners. Wenn ihm die bekannt gewesen wären, so hielt der „Zelleninformator“ die Erzählungen Raupachs fest, dann hätte er Lange-Werner nicht geworben und ihn nicht so lange in den Verhören geschützt. Sein Vernehmer „habe ihm gesagt, dass Klump, Lange-Werner und Meier* alles gesagt haben und darum sicher als freie Menschen das Gericht verlassen werden, während er mit einer langen Freiheitsstrafe rechnen müsse".[239]

Aus den Stasi-Unterlagen ist nicht ersichtlich, ob die Berichte der Zellenspitzel Einfluss darauf hatten, welcher Offizier für die Vernehmungen eingeteilt wurde. Baum* fasste kein Vertrauen zu seinem Vernehmer, einem jüngeren Leutnant. Besser komme er mit Würzberger zurecht: „Dem hätte er vielleicht schon alles erzählt."[240] Dagegen führte Würzberger mit Lange-Werner politische Gespräche, dem sich jedoch nicht erschloss, welches Ziel der Vernehmer verfolgte. Er gab dem Hauptmann den Rat, „nicht in Sachen zu bohren, wo es nichts gibt".[241] Raupach klagte, sein junger Vernehmer würde immer sagen: „Sie lügen."[242]

Die Berichte der mit der Staatssicherheit kooperierenden Zellenspitzel zeigen wie kaum eine andere Überlieferung, in welch großem Ausmaß es die Vernehmer durch ein geschicktes Informationsmanagement vermochten, die Häftlinge in die Enge zu treiben. „Es sei verblüffend", heißt es in einer Notiz über ein Gespräch mit Lange-Werner, „was der Untersuchungsbehörde alles bekannt sei, er brauchte praktisch nur alles bestätigen, was man ihm vorhält".[243] Auch Raupach erwähnte, man habe ihm beim Verhör gesagt, die Staatssicherheit „wüsste noch mehr".[244]

2.7 „Ein Suizid muss unbedingt verhindert werden" Medizinische Maßnahmen als weiteres Druckmittel[245]

Die menschenverachtenden Haftbedingungen, die in den Verhören vom MfS ausgeübte physische Gewalt und die enorme psychische Belastung führten bei zahlreichen Gefangenen zu massiven gesundheitlichen Beeinträchtigungen. So habe Raupach einen überanstrengten Eindruck gemacht, „nachdem er von Montag bis Mittwoch jede Nacht verhört wurde".[246] Lange-Werner klagte über Ischias- und Zahnschmerzen. Auch Raupach plagten Zahnschmerzen. Und Eva Meier* erlitt nach mehreren besonders intensiven Verhören eine Gallenblasenentzündung.[247]

Das MfS reduzierte nicht etwa den Druck oder erleichterte die Haftbedingungen. Vielmehr zielten die medizinischen Maßnahmen der Staatssicherheit lediglich darauf ab, die Häftlinge wieder vernehmungs- und prozessfähig zu machen.[248] Dazu änderte das MfS bei Meier* nur die Verpflegung.[249] Lange-Werner erhielt während längerer Verhörpausen einige Zahn- und Rotlichtbehandlungen.[250] Besonders hart traf es Raupach, den der Staatssicherheitsdienst trotz seiner großen Beschwerden weiter verhörte. Erst nach mehreren Tagen ließen die Vernehmer seine Zahnschmerzen und eine Gesichtsschwellung versorgen.[251]

Der übermächtige Druck ließ viele Inhaftierte verzweifeln. Einige Häftlinge sahen nur noch einen Ausweg im Suizid.[252] Die Herabwürdigung, Demütigung und Isolierung der Gefangenen sowie die Erschütterung ihres Wertesystems führten zu psychischen Ausnahmesituationen. Gerade bei Suizidversuchen in MfS-Haftorten gibt es eine hohe Dunkelziffer, da nicht jeder Einzelfall, sondern nur „ernsthafte Suizidversuche" gemeldet wurden.[253]

Auch eine der Personen, die mit Lange-Werner verhaftet worden waren, versuchte sich in der Zelle zu erhängen. Aus Sicht der Staatssicherheit durfte sich ein Häftling nicht durch Selbstmord seiner „gerechten Bestrafung entziehen".[254] „Ein erfolgreich geführter Suizid ist in jedem Fall ein schwerer politischer, materieller und moralischer Schaden und muss deshalb unbedingt verhindert werden"[255], hielt das MfS in seinem Schulungsmaterial fest. Deshalb wurden die Häftlinge alle fünf bis zehn Minuten kontrolliert. Die ständigen Lichtkontrollen während der Nacht waren für viele Häftlinge hart an die „Grenze zur psychischen Misshandlung".[256] Nach einem Suizidversuch musste ein Gefangener erst eine weitere Vernehmung über sich ergehen lassen: „Der Häftling gab an, die Schuld ist zu groß, der Häftling wurde belehrt, die Versuche zu unterlassen."[257] Die Schlussfolgerung lautete: „Häftling bedarf einer weiteren angeordneten Kontrolle, welche besonders wie bisher schon durchgeführt wurde."[258] Danach legte das MfS die traumatisierte Person mit zwei anderen Gefangenen zusammen, die auf sie aufpassen sollten. Der Druck blieb bestehen – nach Aussagen der mit in der Zelle einsitzenden Häftlinge gab es weitere Selbstmordversuche.[259]

2.8 „Mit der Härte unserer demokratischen Gesetzlichkeit“
Der Schlussbericht des Staatssicherheitsdienstes[260]

Ende September 1953 übergab der Staatssicherheitsdienst den Untersuchungsvorgang an die Justizorgane. Hauptmann Würzberger führte die „Untersuchungsergebnisse“ am 28. September 1953 in einem „Schlussbericht“ zusammen.[261] Seine Schilderung des „Tathergangs“ zielte schon auf die öffentliche Wirkung beim Prozess. Das MfS profitierte davon, die zerschlagene Gruppe als groß und gefährlich zu präsentieren. Nach dem Volksaufstand am 17. Juni 1953 und dem Führungswechsel an der Spitze des MfS stellte der unter Legitimationsdruck stehende Geheimdienst gegenüber der SED-Führung die eigene Leistungsfähigkeit heraus. Zudem präsentierte der Bericht die Gegner der SED-Diktatur als vom Ausland gesteuert, geldgierig und moralisch verkommen. Auf diese Weise legte das MfS dem Widerstand niedere Motive zugrunde und deutete ihn dadurch zur Zufriedenheit der SED.[262]

Im Schlussbericht wurde Lange-Werner als „Feind“ porträtiert, der beabsichtigt habe, die DDR „entscheidend zu schwächen und zu schädigen“.[263] Raupach – „der typische Verbrecher“ – habe versucht, den Umfang seiner „verbrecherischen Tätigkeit“ zu leugnen und zu verschleiern.[264] Dieses Argumentationsmuster lag durchaus nah am NS-Stereotyp des „Gewohnheitsverbrechers“. Von Baum* zeichnet das Dokument das Bild eines „Verräters“. Erst nach längerer Zeit sei er bereit gewesen, seine verbrecherische Handlung einzugestehen. Besonders schwer wogen zwei Punkte: Er habe die Flucht von Brigitte Klump ermöglicht. Als „Offizier der VP-Luft“ habe er die „Tragweite seiner verbrecherischen Handlung“ ermessen können, besonders, da er seit 1945 Mitglied der KPD/SED war.[265] Auch Demann trage eine besonders schwere Schuld, weil ihm als politisch geschultem Menschen die Tragweite seiner Handlungen klar gewesen sei. Bei Wieland hob Würzberger hervor, er habe, obwohl er wusste, dass es sich um Spionage gehandelt habe, die Kurierdienste übernommen und versucht, diese gegenüber der Staatssicherheit zu verschleiern.

Zwischen den beiden angeklagten Frauen differenzierte das MfS: Lotte Lange-Werner habe ihren Mann zwar aktiv unterstützt, sei aber geständig und scheine zu bereuen. Dagegen hieß es hinsichtlich von Eva Meier*, sie habe „nichts unternommen, um diese feindliche Tätigkeit aufzudecken und zu verhindern. Sie hat vielmehr im Rahmen ihrer Möglichkeiten die feindliche Tätigkeit der Beschuldigten Raupach und Lange-Werner unterstützt.“[266]

Zusammenfassend schrieb Würzberger: „Für ihre umfangreiche verbrecherische Spionagetätigkeit müssen alle Beschuldigten mit der ganzen Härte unserer demokratischen Gesetzlichkeit bestraft werden.“[267] Damit gab er dem Gericht die Linie vor.

Als „Beweismittel“ leitete der Staatssicherheitsdienst den DDR-Justizorganen eine Zusammenstellung der Vernehmungsprotokolle – allerdings ohne jenes von Brigitte Klump –, einen Spionagebericht, den Raupach einem Briefkasten entnommen hatte, Material, das Raupach hinterlegen sollte, einen bei Wieland gefundenen Zettel, auf dem die Telefonnummer „Silbers“ und der Deckname Lange-Werners standen, sowie einen Füllfederhalter zu. Nicht weitergegeben wurden der entlastende Befund, dass es sich bei den Schreibutensilien nicht um Geheimtinte handelte, sowie die Angaben, die zu den bei MiG 15-Piloten aufgetretenen Erkrankungen gemacht worden waren.[268]

3. Stasioffiziere
Auftrag und Praxis

3.1 „Wir müssen hart und rücksichtslos zuschlagen“ Vorgaben von oben[269]

Mit dem gescheiterten Volksaufstand vom 17. Juni 1953 begann eine der härtesten Repressionsphasen der DDR, in die auch das Vorgehen der Geheimpolizei gegen die „Gruppe Lange-Werner“ einzuordnen ist. Unter dem neuen Chef der Staatssicherheit Ernst Wollweber ließ die Intensität der Verfolgung nicht nach – im Gegenteil: Die unter seiner Leitung durchgeführten „konzentrierten Schläge“ unterstrichen den verschärften Kurs.[270] Aus Sicht der sowjetischen Berater und der SED-Führung konnten Diktaturdurchsetzung und Herrschaftssicherung nur gelingen, wenn sich die Zuverlässigkeit und Professionalität des Staatssicherheitsdienstes deutlich verbesserten. Die Stoßrichtung gab der SED-Spitzenfunktionär und Chef der Zentralen Parteikontrollkommission Hermann Matern vor:

> „In den Reihen der Staatssicherheit darf es keinen Liberalismus geben gegen die Feinde unserer Republik. Wir müssen hart und rücksichtslos zuschlagen. Für knieweiche Pazifisten oder Mondgucker ist in unseren Reihen kein Platz. Genosse Ulbricht hat einmal auf einer ZK-Sitzung erklärt: ‚Wir müssen die Deutsche Demokratische Republik zu einer Hölle für die feindlichen Agenten machen.‘ Genossen, das ist im Wesentlichen Eure Aufgabe.“[271]

Diese Vorgaben setzte Wollweber in die geheimpolizeiliche Praxis um. Sein wichtigster Mitarbeiter, Erich Mielke, forderte die Stasioffiziere bei Vernehmungen zur „Unversöhnlichkeit gegenüber den Häftlingen“[272] auf, denen keine Zugeständnisse gemacht werden dürften. Wollweber selbst kritisierte einen Befehl seines Vorgängers

Zaisser, der „unbegründete Festnahmen“ hatte vermeiden wollen. Gesetzliche Vorgaben dürften dem Verfolgungsdruck nicht im Wege stehen: „Unsere Untersuchungsabteilungen haben sich reinlegen lassen vom Gegner, und zwar mit dieser Bestimmung ‚innerhalb von 24 Stunden ist der richterliche Haftbefehl zu erwirken.‘“ Es sei falsch, wenn „unsere Leute“ so tun, „als wäre das Wichtigste der ganzen Sache die Einhaltung der Frist von 24 Stunden“. Wichtiger sei vielmehr, die Gesetze so auszulegen, dass sie eine erfolgreiche geheimpolizeiliche Arbeit ermöglichten:

> „Wir werden uns mehr Beweglichkeit angewöhnen müssen. Unsere Untersuchungsabteilungen müssen sich darüber im Klaren werden, dass sehr viel von ihrer Arbeit abhängt. Es ist richtig gesagt worden, demokratische Gesetzlichkeit heißt nicht nur, Paragraphen zu beachten, sondern heißt, diese anzuwenden und darauf zu achten, dass wir nicht zu Gefangenen unserer eigenen Bestimmungen werden.“[273]

Voraussetzung für den Erfolg sei deshalb auch: „Wir gehen nicht zum Amt. Wir gehen zur Arbeit. Unter Umständen treten wir an zum Kampf. Wenn sich Tendenzen des geregelten gesicherten Beamtendienstbetriebs zeigen, ist etwas faul.“[274]

Den Druck Wollwebers spürte auch die für Untersuchungen zuständige Abteilung der HA I.[275] Sie führte – wie das Untersuchungsorgan HA IX, die im Dezember 1953 den Status einer Hauptabteilung erhielt – in der Haftanstalt Hohenschönhausen, aber auch in der Arrestanstalt Köpenick Vernehmungen durch. Gerade bei der Bekämpfung der westlichen Militärspionage hatte die HA I einen großen Stellenwert. 1953 konnten durch eigene Ermittlungen nur wenige Spione verurteilt werden. Der Fall Lange-Werner zählte dabei nicht nur zu den größten „Erfolgen“: Die bei den Vernehmungen gesammelten Erfahrungen trugen auch dazu bei, dass bereits ein Jahr später die Zahl der bearbeiteten Spionagevorgänge „mächtig angestiegen“ war. Über 300 Verdächtige wurden vernommen. Durch „operatives Material“ gelang es, „60 bis 70 Prozent mehr Spione“ als im Vorjahr zu überführen. Als Voraussetzungen dieser aus Sicht des Staatssicherheitsdienstes positiven

Entwicklung benannte Abteilungsleiter Willy Neumann die „Einhaltung der demokratischen Gesetzlichkeit“, die gestiegene Qualifikation der Vernehmer und die sofortige Abgabe der Vorgänge nach Abschluss der Verhöre an die Gerichte. Vor allem in der Arrestanstalt Köpenick – dort und nicht in Hohenschönhausen führte die HA I die meisten Vernehmungen durch – sah die Führung des Staatssicherheitsdienstes großen Veränderungsbedarf. Der Schwerpunkt lag auf den Verhören: auf einer gründlicheren Vorbereitung und auf obligatorischen Erstvernehmungen sofort nach der Einlieferung. Gesteigert werden sollte auch die „Tagesdurchschnittsvernehmungszeit“ der „Sachbearbeiter“ von zwei bis drei auf möglichst fünf bis sechs Stunden. Scharf kritisierte Wollweber die „Unordnung“, nachdem es einem Häftling gelungen war, seinen Vernehmer mit einer Eisenstange auf den Kopf zu schlagen. Ein anderer Gefangener zog Nägel aus der Wand und verschluckte sie. „Es besteht bei uns noch eine gewisse Harmlosigkeit im Umgang mit dem Feind“, so der Stasi-Chef. „Man kann schön reden vom verschärften Klassenkampf, wir setzen uns mit Verbrechern in einen Raum und lassen uns einen Schlag auf den Kopf versetzen.“ Deshalb habe er mit der für den Untersuchungshaftbetrieb zuständigen Abteilung XIV über die Abstellung der Missstände gesprochen.[276]

3.2 „Wendig in seiner Arbeit, einsatzfreudig“
Persönliche Hintergründe und Karrieren der Vernehmer[277]

Lange-Werner und die mit ihm Inhaftierten trafen in Hohenschönhausen auf einen übermächtigen Gegner. Was waren das für Menschen, die mit absoluter Härte vorgingen?

Die Vernehmer der Stasi fungierten weder als „kleine Rädchen“, noch lassen sie sich als ideologische Roboter beschreiben.[278] Da eine Dämonisierung zu Zerrbildern führt, muss vielmehr nach den handlungsleitenden Intentionen der Stasi-Offiziere, ihrer Motivation gefragt werden. Dazu gehört auch das Verhältnis von biografischen Prägungen zu konkretem Handeln. Zu berücksichtigen sind viele Faktoren: Wie wirkten sich marxistisch-leninistisches Gedankengut und die Erfahrungen aus, die die älteren MfS-Offiziere in der kommunistischen Bewegung der Weimarer Republik und im Widerstand gegen die NS-Diktatur gesammelt hatten? Hinzu tritt eine gruppen- und situationsspezifische Sozialisation, bei der Gewalt eine zentrale Bedeutung zukam: in Haftanstalten und Konzentrationslagern des NS-Staates, während des Wehrdienstes im Zweiten Weltkrieg oder in der sowjetischen Emigration.[279] Hervorzuheben sind nicht zuletzt stalinistische Prägungen und der Einfluss des sowjetischen Personals in der SBZ/DDR. Wie in anderen Bereichen des Staatssicherheitsdienstes lässt sich auch für die im Fall Lange-Werner verantwortliche Abteilung Major Neumanns eine „Generationensymbiose"[280] unter den Stasioffizieren nachweisen, bei der die jüngeren von den älteren MfS-Angehörigen „lernten". Alle MfS-Angehörigen hatten zu beweisen, dass sie politisch zuverlässig und fachlich geeignet waren. Das Primat der politischen Zuverlässigkeit führte dazu, dass große Teile des Apparates in den Anfangsjahren selbst minimale fachliche Anforderungen an eine ergebnisorientierte geheimpolizeiliche Arbeit nur unzureichend erfüllten.[281]

Bei den Vernehmungen in Hohenschönhausen trat der am 8. November 1921 geborene Willy Neumann als ranghöchster Vernehmer der Untersuchungsabteilung Lange-Werner gegenüber. Der Stasi-Offizier, der aus dem Kreis Fraustadt in der deutschen Grenzmark Posen-Westpreußen stammte, gehörte zur großen Gruppe der gegen Ende des Zweiten Weltkrieges Vertriebenen, die in den Sicherheitsorganen der DDR wichtige Positionen bekleideten. Als Jugendlicher hatte er den Schlosserberuf erlernt und dem Kommunistischen Jugendverband (KJVD) angehört. Er unterstützte seinen Vater bei Kurierdiensten bis zu dessen Ermordung 1933 „durch die Faschisten".[282] Den Zweiten Weltkrieg verbrachte Neumann unter anderem an der Ostfront. Als „politisch unzuverlässig" eingestuft, gelangte er als „Dienstverpflichteter" für „Aufgaben der Reichsverteidigung" Anfang 1944 erst nach Augsburg und dann nach Dessau, wo er in kriegswirtschaftlich wichtigen Betrieben arbeitete. 1944 heiratete er. Seine Frau wurde bei Kriegsende von einem amerikanischen Soldaten erschossen, als sie sich gegen ihre Vergewaltigung zur Wehr gesetzt hatte.[283]

Neumann trat 1945 der KPD bei. 1949 stieß er in Wernigerode zur Volkspolizei; seit 1950 gehörte er dem neu gegründeten MfS an. Aus Sicht seiner Vorgesetzten brachte er die notwendigen

Voraussetzungen für eine Karriere in der Geheimpolizei mit: „Er ist diszipliniert, wendig in seiner Arbeit, einsatzfreudig, daher entwicklungsfähig.“[284] Bei einer gründlichen Durchleuchtung seines Lebenslaufes förderten Stasi-Kaderoffiziere mehrere aus ihrer Sicht ungeklärte Sachverhalte zutage, die ihn bis zu seinem Ausscheiden aus dem MfS 1975 verfolgen sollten: In Augsburg hatte er ein Kind gezeugt – diese kurze Beziehung zu einer Frau hatte er anfangs dem MfS verschwiegen. Seine zweite Gattin – die Ehe wurde 1947 geschlossen – „beeinflusste“ ihn, die Vaterschaft anzuerkennen. Er zahlte wohl Alimente, pflegte darüber hinaus aber keinen Kontakt zu dem Kind. Dieser „Verbindung“ in den Westen stand das MfS lange skeptisch gegenüber, trotz der Versicherungen Neumanns, die Bestimmungen der Geheimpolizei zuverlässig einzuhalten. Auch die Tötung seiner ersten Frau durch einen amerikanischen Soldaten im Jahr 1945 hinterfragten Offiziere der für das Personalwesen zuständigen Hauptabteilung Kader und Schulung, die ebenso die „Widersprüche“ nicht lückenlos aufzulösen vermochten, die zu Neumanns Rückversetzung von der Ostfront geführt hatten. Hier stand der Verdacht seiner eventuellen Zugehörigkeit zur SS im Raum, der sich aber nicht erhärten ließ.[285]

Als „Aktivist der ersten Stunde“ baute Neumann eine „Abteilung zur Untersuchung von Verbrechen gegen die bewaffneten Organe der DDR“ auf, deren Leitung innerhalb der HA I er am 13. März 1951 übernahm. Er galt als sehr fordernder Chef, der aber auch an sich selbst hohe Ansprüche stellte: „Seine eigene Person niemals schonend“, erzog er „viele junge Kader zu standhaften Untersuchungsführern“. Dabei wirkte er stets „im Sinne der Vertiefung und Festigung der Freundschaft zur Sowjetunion und ihren Tschekisten“.[286] Seine Vorgesetzten mussten ihn mehrmals darauf aufmerksam machen, „dass er nicht nächtelang durcharbeiten darf, um somit seine Gesundheit nicht zu schädigen“.[287] Neumann verstand es schlecht, „Arbeiten auf das ganze Kollektiv zu verteilen“.[288]

Der 32-jährige Major leitete die Vernehmungen Lange-Werners und der mit ihm inhaftierten Männer und Frauen. Er selbst verhörte Lange-Werner, Brigitte Klump und Raupach und ging „völlig in seiner fachlichen Tätigkeit“ auf. Seine Vorgehensweise hob sich – das legt zumindest die Aktenlage nahe – von der der fachlich und intellektuell oft überforderten Untersuchungsführer der Abteilung IX ab, die oft „zusammenhangslose“ Protokolle verfassten und „in einem schlechten Zustand“ ablieferten.[289] Neumann dagegen hielt die ihm unterstellten Offiziere dazu an, sich mit großer Intensität um lückenlose Beweisketten zu bemühen. Im November 1953 hielt die Spitze der HA I mit einem gewissen Stolz fest: „Seinem rastlosen Einsatz, seiner Initiative und seiner Beharrlichkeit sind nicht zuletzt die Erfolge zu verdanken, die in der Arbeit seiner Abteilung erzielt worden sind.“[290] Ob sich die HA I damit gegenüber der Linie der Abteilung IX profilieren wollte, muss offenbleiben.[291]

Neumann leitete die in der HA I angesiedelte Untersuchungsabteilung HA I/9 bis 1958. Dabei stieß sein Leitungsstil immer wieder auch auf Kritik. Seinem „Kollektiv“ fehle die „innere Geschlossenheit, was durch eine formalistische Achtung und Autorität übertüncht wird“. Es würden sich „Tendenzen der Überheblichkeit und der Rivalität unter den Mitarbeitern“ zeigen. „Einige Mitarbeiter legen das Recht formalistisch aus, was bisher ständig zu Gunsten der Beschuldigten ausgelegt wurde.“ Die größten Defizite lägen „in einer ungenügenden Durchsetzung der Eigenverantwortlichkeit und Selbständigkeit der Referatsleiter und Mitarbeiter“.[292] 1958 verlor die HA I ihre Untersuchungsabteilung an die HA IX.[293] Erneut stellten die Vorgesetzten Neumanns „Verdienste“ heraus: „Unter seiner Leitung hatte die HA I/9 erhebliche Erfolge bei der Überführung und Unschädlichmachung von Gegnern unserer Republik.“[294] In der HA IX behielt Neumann als Leiter der Abteilung 6 die Zuständigkeit für die „Bearbeitung von Militärstraftaten“.

Den „aufrechten Tschekisten und erfahrenen Leitungskader“ plagten in späteren Jahren vermehrt gesundheitliche Probleme, die der medizinische Dienst des MfS auf seinen rastlosen Arbeitsstil zurückführte. Zunächst gegen seinen Willen im Jahr 1973 von der Abteilungsleitung entbunden und als „Offizier für Sonderaufgaben“ eingesetzt, endete seine aktive Dienstzeit 1975 mit der Invalidisierung.[295] Die HA IX griff jedoch im Rahmen einer „ehrenamtlichen Tätigkeit“ weiter auf den Oberst außer Dienst zurück.[296]

Zum wichtigsten Vernehmer Lange-Werners und seiner Frau Lotte, Klumps und Raupachs und für die Koordination der Verhöre bestimmte Major Neumann den am 11. März 1919 in Leipzig geborenen Kurt Würzberger. Er kam bereits in seiner Jugend mit der politischen Arbeiterbewegung in Berührung. Sein Vater gehörte der SPD, seine Mutter der Roten Hilfe an. Seit 1927 Mitglied des „Jungspartakusbundes", beteiligte sich der junge Würzberger an der illegalen Arbeit des KJVD gegen den NS-Staat. Auch seine Geschwister gehörten vor 1933 der KPD oder dem KJVD an. Einen Bruder inhaftierten die Nationalsozialisten 1933 für acht Monate im berüchtigten KZ Sachsenburg. Seine Mutter verbüßte 1936 eine siebenmonatige Haftstrafe im Gefängnis Waldheim.[297]

1934 begann Würzberger eine Lehre als Buchdrucker. 1939 zur Wehrmacht einberufen, nahm er an den Feldzügen erst in West- und danach in Osteuropa teil. Am 9. Mai 1945 geriet er in sowjetische Kriegsgefangenschaft. In Moskau besuchte er 1947 eine Antifa-Schule und wirkte danach als „Aktivleiter" unter deutschen Kriegsgefangenen. Dabei erwarb er sich offenbar das Vertrauen der sowjetischen Geheimpolizei: Sofort nach seiner Rückkehr aus der Kriegsgefangenschaft am 29. September 1949 konnte er seine Tätigkeit in den Sicherheitsorganen der SED-Diktatur beginnen. Nach einer ersten Station bei der Kriminalpolizei in Dresden gehörte Würzberger zu den „Kadern der ersten Stunde" beim Aufbau des MfS: Seit dem 1. März 1950 beteiligte er sich in Leipzig als Sachbearbeiter in der Abteilung I an der Überwachung der Volkspolizei. Nach nur einem Jahr wechselte er nach Berlin in die von Major Neumann geführte Untersuchungsabteilung der HA I und stieg darin weiter auf. Seit dem 4. März 1953 leitete er als Hauptmann ein Referat. Im Sommer 1953, unmittelbar nach der Rückkehr aus einem Urlaub, betraute der Staatssicherheitsdienst den 34-Jährigen mit der wichtigen Aufgabe, den Fall Lange-Werner zu bearbeiten.[298] Ob der Altersunterschied zu seinem Vorgesetzten – Major Neumann war zwei Jahre jünger – die Zusammenarbeit beeinflusste, lässt sich aus den MfS-Unterlagen nicht ermitteln.

Ein großer Teil der MfS-Angehörigen, die den „Vorgang Lange-Werner" bearbeiteten, profitierte von den Erfahrungen, die sie in ihren bisherigen dienstlichen Tätigkeiten gesammelt hatten. Deshalb lohnt es sich, an dieser Stelle einen Blick darauf zu werfen, wie sich die Karrieren der MfS-Mitarbeiter entwickelt haben. Nur die Offiziere, die sich den Vorgaben der SED bedingungslos untergeordnet hatten, stiegen in hohe Leitungspositionen auf und prägten bis 1989 das MfS.

Nachdem Hauptmann Würzberger etwa ein Jahr nach der Verurteilung Lange-Werners im Oktober 1954 die „Medaille für treue Dienste“ erhalten hatte, delegierte ihn das MfS 1955 mit dem „1. Lehrgang“ einer Studiengruppe für ein Jahr an die Hochschule des Komitees für Staatssicherheit nach Moskau.[299] Diese Abordnung stellte eine besondere Ausnahme dar, da MfS-Offiziere im Regelfall keine Ausbildung an der sowjetischen Kaderschmiede durchliefen.[300] In Moskau erfüllte Würzberger die in ihn gesetzten Erwartungen offenbar nicht. Er wurde mehrmals zur „Rechenschaft“ gezogen, weil er „die Parteidisziplin für sich nicht als bindend“ betrachtete und bei „Fragen der sozialistischen Moral undurchsichtig“ sei.[301]

Nach dem Abschluss des Lehrganges bildete er zwar seit dem 1. September 1956 als Hauptlehrer an der Schule des MfS in Teterow neue Kader des Staatssicherheitsdienstes aus. Seine außerehelichen „intimen Verhältnisse“ verhinderten jedoch seinen weiteren Aufstieg im Staatssicherheitsdienst. Er erhielt eine strenge Rüge, „da er sich in der Öffentlichkeit in der schamlosesten Weise aufführt – und dadurch das Ansehen der Staatsorgane geschädigt hat“.[302] Er verlor nicht nur seine Stellung als Lehrer, sondern wurde auch degradiert und Anfang Dezember 1956 an die MfS-Bezirksverwaltung Halle in die Abteilung IX versetzt. Eine „Qualifizierung“ ermöglichte 1960 seinen Wechsel in die mit der Bekämpfung der Opposition betraute Abteilung V. Aufgrund „moralischer Verfehlungen und ideologischer Unklarheiten“ wurde er schließlich im Mai 1962 aus dem MfS entlassen.[303] Danach bespitzelte er als wissenschaftlicher Mitarbeiter am Institut für Marxismus-Leninismus der Technischen Hochschule Merseburg seine Kollegen.[304] Würzberger verlor jedoch schnell seinen Nutzen für das MfS. „Ideologische Unklarheiten“ weckten immer wieder Zweifel an seiner politischen Zuverlässigkeit. Hinzu kamen weitere „moralische Verfehlungen“, da er seine zahlreichen außerehelichen Verhältnisse trotz mehrfacher Aufforderungen nicht beendete. Sein Führungsoffizier hielt fest, Würzberger „neigt zu Überheblichkeit und überschätzt seine Fähigkeiten“.[305] Ende 1963 beendete das MfS die Zusammenarbeit.[306]

Zu den Vernehmern in Neumanns Abteilung gehörte auch der am 11. Dezember 1931 in Höhnstedt in der Nähe von Halle an der Saale geborene Rudi Brömme. Er kam – so legt es zumindest ein Vermerk in seinen Kaderunterlagen nahe – aus einem kommunistischen Elternhaus und wurde im Alter von 16 Jahren Kandidat der SED. Er erlernte keinen Beruf und trat im August 1949 der Volkspolizei bei. Das MfS stellte ihn am 1. Juli 1952 als Sachbearbeiter in der Untersuchungsabteilung der HA I ein. Anfangs genügte er nicht den hohen Anforderungen Major Neumanns und Hauptmann Würzbergers, die ihm „Schwankungen" bescheinigten. Zudem bedürfe er „einer ständigen Anleitung". Ab Juli 1953 gehörte der 22-Jährige zu den Vernehmern Baums* und Demanns. Dabei bewährte Brömme sich offensichtlich und entwickelte sich aus Sicht seiner Vorgesetzten „zu einem guten Vernehmer". Trotz seiner Schwierigkeiten bei der Abfassung von Protokollen attestierte ihm Hauptmann Würzberger „eine Vorwärtsentwicklung in seiner fachlichen Arbeit". Brömme sei nun in der Lage, „selbständig leichtere Vorgänge zu bearbeiten". Seine Vorgesetzten bescheinigten ihm ein „gutes moralisches Empfinden" und lobten ihn: „Zweideutigen Gesprächen und Anpöbelungen von Frauen tritt er entschieden entgegen."[307]

Nach der Eingliederung der Untersuchungsabteilung der HA I in die HA IX im Jahr 1958 wechselte auch Brömme in das neue „Untersuchungsorgan". Der Oberleutnant befasste sich nun in der HA IX/3 als Hauptsachbearbeiter mit der Bekämpfung von „Verbrechen gegen die Volkswirtschaft". Er gehörte zu jenen Offizieren, die die MfS-internen Qualifizierungsbemühungen durchliefen, mit denen die Geheimpolizei eine professionelle Arbeitsweise ihrer „Kader" sicherzustellen versuchte.[308] Noch 1961 hieß es über ihn: „benötigt eine ständige Anleitung, Hilfe und Kontrolle, um die ihm zur Bearbeitung übergebenen Untersuchungsvorgänge erfolgreich zum Abschluss bringen zu können". Zudem sei er „nicht wendig genug" und verfüge trotz mehrerer Bildungsmaßnahmen immer noch über „bestimmte Schwächen bei der Abfassung von Dokumenten".[309] Die negativen Bemerkungen verschwanden jedoch nach und nach aus seinen Beurteilungen. 1971 schloss er ein Fernstudium an der Berliner Humboldt-Universität als Diplomjurist mit der Note „sehr gut" ab.[310] In der HA IX arbeitete er sich langsam nach oben. Nach seinem Aufstieg zum stellvertretenden Leiter der AG Sonderaufgaben (Freikauf politischer Häftlinge in die Bundesrepublik Deutschland) im Jahr 1980 erhielt er ein Jahr später die Beförderung zum Oberstleutnant.[311] Erst die Friedliche Revolution beendete seine geheimpolizeiliche Tätigkeit.

Bis zum Untergang der SED-Diktatur profitierte die Geheimpolizei von den Gewalterfahrungen aus ihrer Frühphase. Wie erwähnt, spielte auch bei den Vernehmungen von Lange-Werner und den Mitinhaftierten Gewalt eine wichtige Rolle. Am Beispiel des am 17. November 1930 in der Nähe von Burgstädt geborenen Heinz Schröck lässt sich der Einsatz von Gewalt durch MfS-Angehörige gegen Inhaftierte gut darstellen.[312]

Schröck erlernte den Friseurberuf, ging jedoch im August 1951 zur Volkspolizei in Rochlitz. Als das SED-Mitglied zum MfS wechseln wollte, durchleuchtete die Geheimpolizei seinen familiären Hintergrund. Seine Eltern – seine Mutter aber nur „durch die Beeinflussung ihres Ehemanns“ – gehörten in der Weimarer Republik der Sozialistischen Arbeiterpartei Deutschlands, einer linken Abspaltung der SPD, an. Schröcks Vater war 1945 der KPD beigetreten und hatte damit in den Augen des MfS „zweifellos die Lehren aus der Vergangenheit gezogen“, indem er fortan „der Entwicklung in der DDR und SU positiv gegenüber“ gestanden habe.[313] Im März 1952 trat der junge Schröck seinen Dienst beim MfS in der Kreisdienststelle Rochlitz an und absolvierte einen „Ein-Jahreslehrgang“ in der Stasi-eigenen Schule Potsdam Eiche, den er „mit verhältnismäßig gutem politischen Wissen“ abschloss. Die erworbenen „operativen Kenntnisse“ nutzten ihm jedoch nichts: Er wurde der Untersuchungsabteilung der HA I zugewiesen und musste sich in das ihm fremde Sachgebiet der Vernehmungen „völlig neu einarbeiten“. Der als „impulsiv“ geltende 23-jährige Leutnant gehörte zu den Vernehmern von Raupach und Eva Meier*.[314] Im November 1953 bescheinigten ihm Major Neumann und Hauptmann Würzberger eine „gute Entwicklung in der Untersuchungsarbeit“, „treffsicheres Einschätzungsvermögen für Straftaten“ und einen „guten Protokollierungsstil“. Sie kritisierten, dass er die „Verantwortung jedoch oft […] den Vorgesetzten“ überlassen würde.[315] Schröcks Entwicklung zum „leistungsfähigen Vernehmer“ verlief nicht bruchlos. Er kannte seine Defizite selbst am besten:

> „Die von mir in der Untersuchungsarbeit erzielten Erfolge fielen mir nicht leicht und waren mir nur unter großem Aufwand an Nervenkraft möglich. Hinzu kommt noch, dass ich von Natur aus jähzornig veranlagt bin, und dass dieser Jähzorn infolge meiner durch die Untersuchungsarbeit erheblich gesteigerten Nervosität trotz größtmöglicher Beherrschung ab und zu zum Durchbruch kommt."[316]

Anfang 1956 misshandelte er zwei Häftlinge und bagatellisierte dies als „Affekthandlung". Seiner Ansicht nach „war es notwendig", einen inhaftierten KVP-Angehörigen 28 Stunden lang ohne Ruhepause und danach sofort einen weiteren Mitverdächtigen insgesamt 34 Stunden zu vernehmen. Da er „verständlicherweise übermüdet war", verlor er „bei einer frechen Redensart dieses KVP-Angehörigen die Beherrschung und gab ihm eine Ohrfeige". Über diese „Unbeherrschtheit", die man seiner Meinung nach „nicht als Misshandlung bezeichnen" könne, informierte Schröck seinen Vorgesetzten Major Neumann, der ihn dafür „berechtigt zurechtgewiesen" hat. Allerdings wurde „wahrscheinlich aufgrund der Sachlage und meines Erfolges bei der Vernehmung des ersten KVP-Angehörigen" von einer „disziplinarischen Ahndung meines Vergehens Abstand genommen".[317]

Schröck behielt seinen Vernehmungsstil bei. Seine „Unbeherrschtheiten" torpedierten kurze Zeit später seinen Aufstieg: Während eines Verhörs warf er einem Untersuchungsgefangenen eine Heftmaschine – er selbst erinnerte sich nur an einen Hefter – an den Kopf[318]:

> „Der Häftling wurde nur leicht gestreift, und es entstand eine kleine, unbedeutende Platzwunde über dem Ohr, die leicht blutete. Die Wunde war so unbedeutend, dass sich die Sanitäterin der Haftanstalt II, die ich sofort verständigte, weigerte, meiner Anweisung nach zu kommen [sic!], dem Häftling ein Pflaster auf diese Wunde zu kleben."[319]

Erst jetzt versuchte Major Neumann nachdrücklicher, Schröck zu einer Verhaltensänderung zu bewegen. Dabei ging es nicht darum, aus prinzipiellen Gründen gänzlich auf den Einsatz von Gewalt zu verzichten. Vielmehr dürften sich Mitarbeiter seiner Abteilung nicht von einem Häftling „provozieren“ lassen, zumal es sich bei diesem „um keinen überaus intelligenten Menschen handelte“. Auch die Anweisung, dass Vernehmer täglich nur noch „sieben Stunden“ verhören sollten, verstand der junge Offizier nicht, „da ich mir im Klaren war, dass ich diese Forderung bei der damaligen Arbeitsorganisation nicht erfüllen konnte“. Neumanns Bemühungen liefen bei Schröck offensichtlich ins Leere: „Obwohl ihm laufend aufgezeigt wurde, dass sein Verhalten schlecht und eines Parteimitglieds unwürdig ist, hat er seine falsche Meinung nicht geändert, sondern beharrt weiterhin auf dieser.“[320] Schröck rechtfertigte sich damit, dass „er jähzornig wäre und nicht dafür garantieren könnte, dass sich derartige Vorkommnisse nicht in acht Wochen wiederholen würden“. Er zeigte keine Einsicht:

> „Eine Misshandlung setzt den Vorsatz zur Gewaltanwendung voraus, während meine beiden Übergriffe ohne jeden Zweifel als starke, aber kurze Erregungszustände aufgrund meiner ohnehin starken nervlichen Erregbarkeit, also als Affekthandlungen ohne subjektive Seite eines Vergehens einzuschätzen sind.“[321]

Für seine Ausführungen erhielt er sogar Rückendeckung von seiner SED-Grundorganisation im MfS, die sich mit zwölf zu vier Stimmen gegen die Einleitung eines Parteiverfahrens aussprach. „Im Verlaufe der mehrstündigen Diskussion brachten die Genossen ihre Meinung zu diesem Vorfall zum Ausdruck und wandten sich gegen eine Parteistrafe sowie auch gegen die Versetzung zur HA I.“[322] Diesen Angriff auf ihre Autorität parierten Major Neumann und der ihm vorgesetzte Leiter der HA I, Oberst Kleinjung. Sie setzten sich über das Votum der SED-Grundorganisation hinweg: Da Schröck „im Wiederholungsfall gegen die demokratische Gesetzlichkeit und gegen den Befehl des Ministers für Staatssicherheit über die Behandlung von Untersuchungsgefangenen“ verstoßen habe, „in dem [sic!] er einen Untersuchungsgefangenen körperlich misshandelte“, bestraften sie ihn mit einem „strengen Verweis und gleichzeitiger Versetzung“.[323]

Schröck gehört zu den wenigen MfS-Angehörigen, deren körperliche Gewaltausübung in den 1950er-Jahren sanktioniert wurde.

Erst nach und nach gelang es dem Staatssicherheitsdienst, in den Vernehmungen den Einsatz von physischer Gewalt zurückzudrängen und durch psychische Druckmittel zu ersetzen.[324]

Im Juni 1957 schickte die HA I Schröck zur „operativen Arbeit" nach Dresden. Erst drei Jahre später kehrte er nach Berlin in die HA IX/6 zu seinem alten Chef Neumann zurück. Der forderte von ihm „mehr Eigeninitiative und Wendigkeit in der Einleitung und Durchführung von Maßnahmen"; auch „teilweise auftretende Schwächen hinsichtlich der objektiven Protokollierung von Aussagen Beschuldigter müssen von ihm noch überwunden werden". Oberstleutnant Neumann empfahl ihm, sich „mehr als bisher dem Studium von Fachliteratur zu widmen, um damit sein theoretisches Wissen zu erweitern".[325] Schröck verstand die Kritik und bewährte sich offenbar nach dem Mauerbau: Seine Vorgesetzten bescheinigten ihm „gute Vernehmungsergebnisse bei versuchter Fahnenflucht von Bereitschaftspolizisten", bei der „Bearbeitung von Provokateuren" und „reaktionären Studenten, die Anschläge gegen die Sicherungsmaßnahmen durchführten".[326] Ihm sei es gelungen, größere, von der West-Berliner CDU geplante „Schleusungsaktionen" im Umfeld der Leipziger Messe zu verhindern. Aufgrund seiner Arbeit hätten Prozesse gegen „Terroristen und Menschenhändler" durchgeführt werden können.[327]

Schröck stieg am 1. Februar 1966 zum Referatsleiter in der für „Grenzfragen" zuständigen HA IX/9 auf. Nun sollte er sich durch das „Studium vernehmungspsychologischer Probleme weiter qualifizieren". Zwischen 1967 und 1968 erwarb er an der Juristischen Hochschule des MfS in Potsdam die Sonderreife. Danach absolvierte er dort ein Fernstudium, das er 1975 als Diplom-Jurist mit der Note „sehr gut" abschloss. Am 1. Oktober 1968 rückte er zum Stellvertretenden Abteilungsleiter in der HA IX/9 auf.[328] Er galt als „ausgezeichneter Spezialist bei der Bearbeitung von Angriffen gegen die Staatsgrenze der DDR", der „einen guten Beitrag zur weiteren Stärkung" des Grenzregimes der SED-Diktatur leistete.[329] Seine „hohen Kampfverdienste" beförderten seine Karriere bis hin zum Oberstleutnant. Kurz vor der Friedlichen Revolution invalidisierte ihn das MfS aufgrund gesundheitlicher Probleme und schickte ihn im Frühjahr 1989 in Rente.[330]

3.3 „Dass sich die Methode der sogenannten Briefkästen bewährt habe“ Was interessierte die Stasi?[331]

Untersucht man die Vernehmungsprotokolle, dann interessierte sich die Stasi für drei Fragenkomplexe: Wie warben westliche Nachrichtendienste V-Leute an? Auf welche Weise erfolgte die Übermittlung von Informationen? Welche Informationen gelangten in den Westen?

Den ersten Kontakt bahnten meist Bekannte an, die im Auftrag eines westlichen Dienstes agierten. Sie bezogen sich beispielsweise auf eine gemeinsame Dienstzeit in der Wehrmacht und sprachen eine Einladung nach West-Berlin aus. In einem ersten Gespräch an einem neutralen Ort – etwa in einem Restaurant – fragten dann westliche Geheimdienstmitarbeiter nach der Bereitschaft zur Zusammenarbeit. Kam es zu einer positiven Reaktion, erfolgte die offizielle Verpflichtung als V-Mann oder V-Frau in einer Niederlassung des Geheimdienstes. Daneben setzten westliche Dienste auf Kettenrekrutierungen: Die V-Leute versuchten, in ihrem Umfeld weitere Männer und Frauen für eine nachrichtendienstliche Tätigkeit zu gewinnen. Diese Massenwerbungen erwiesen sich als sehr riskant, da sich zahlreiche V-Leute untereinander kannten und bei einer Verhaftung durch den Staatssicherheitsdienst in Gefahr schwebten.[332]

Beide Vorgehensweisen lassen sich auch bei Lange-Werner und den mit ihm verhafteten Frauen und Männern beobachten: Mitte 1952 wurde Lange-Werner von einem West-Berliner Bekannten – beide kannten sich seit ihrer Dienstzeit in der Wehrmacht – einem amerikanischen Nachrichtendienstmitarbeiter vorgestellt, der sich „Silber“ nannte und ihn anwarb. Die Amerikaner führten Lange-Werner unter dem Decknamen „Horst“.[333] Lange-Werner gelang es, Baum* und Demann für eine Mitarbeit zu gewinnen. Beide VP-Offiziere halfen ihm, Unterlagen und das Kreiselvisier zu besorgen. Lange-Werner wollte zudem neben einem Offizier aus dem Ministerium des Innern (MdI) auch noch Hauptmann Schulz – also GI „Blume“ – werben.[334] Wieland berichtete nach seiner Haftentlassung im Westen, Lange-Werner habe ihm vor seinem Tod gesagt, dass ihm das gelungen sei.[335] Falls dies zutreffen sollte, dann hätte das MfS seinen eigenen Spitzel auch noch für einen westlichen Nachrichtendienst arbeiten lassen.

Ähnlich wie die US-Nachrichtendienste rekrutierte auch der westdeutsche Geheimdienst seine V-Leute: Bei Meier* und Raupach stellte eine gemeinsame West-Berliner Bekannte im Sommer 1952 zuerst bei ihr und danach auch bei ihm die Verbindung zum Geheimdienst her.[336] Die für Raupach zuständigen Mitarbeiter des westdeutschen Nachrichtendienstes nannten sich „Berger“ und „Franz“. „Franz“ – ein ehemaliger Leutnant der Wehrmacht – hatte bis zu seiner Flucht in den Westen 1950 beziehungsweise 1951 in Dresden gelebt.[337] Von „Fricke“ – einem früheren Oberst der Wehrmacht, den Raupach als Vorgesetzten „Bergers“ kennenlernte – erfuhr er, dass dieser Teil einer größeren Spionagegruppe sei. Raupach erhielt den Decknamen „Alfred“.[338]

Eva Meier* verfügte über großes Talent, andere Menschen von einer nachrichtendienstlichen Tätigkeit zu überzeugen. Nachdem sie erst Raupach überredet hatte, gelang es ihr während des Kuraufenthaltes in Bad Düben, Lange-Werner für eine Zusammenarbeit mit dem westdeutschen Nachrichtendienst zu gewinnen.[339] Erst danach besuchte Raupach den VP-Offizier in Kamenz. Lange-Werner schrieb einen Lebenslauf, den Raupach an „Fricke“ weiterleitete.[340] Mit ihm verabredete er auch das Gespräch in West-Berlin, bei dem der Mitarbeiter des westdeutschen Nachrichtendienstes Lange-Werner dann offiziell anwarb.[341] Dieses Beispiel zeigt, dass das Verbot, V-Leute vom amerikanischen Nachrichtendienst „weg zu engagieren“[342], in der Praxis von westdeutscher Seite unterlaufen wurde.

Der Staatssicherheitsdienst versuchte herauszufinden, auf welchen Wegen die V-Leute ihre Informationen in den Westen übermittelten. Westliche Nachrichtendienste bereiteten ihre V-Leute darauf vor, mit Geheimtinten zu schreiben und tote Briefkästen anzulegen.[343] Die laschen Sicherheitsbestimmungen in der Kamenzer Kaserne erleichterten es Lange-Werner, vertrauliche Unterlagen zumindest kurzzeitig in seinen Besitz zu bringen. Damit das Fehlen der Dokumente nicht auffiel, mussten diese außerhalb der Kaserne schnell abgeschrieben und wieder zurückgelegt werden.[344] Der Inhalt der Dokumente wurde mit einer Geheimtinte auf normales Papier übertragen, damit der Staatssicherheitsdienst nichts erkennen konnte, falls ihm das Papier in die Hände fallen sollte.

Bei Lange-Werner beruhte der Einsatz der Geheimtinte auf einem umständlichen Prozedere, das ihm Raupach zugänglich gemacht hatte. Geschrieben wurde in der Wohnung Baums* mit einer Glasfeder und idealerweise nur bei Lampenlicht, wobei der Lichtschein von der Seite auf das Papier fallen sollte. Übermittelte Nachrichten ließen sich durch Aufbügeln des Papiers sichtbar machen. Es soll sich um eine „sympathetische Tinte“[345] aus einer Alaunlösung gehandelt haben. Die bei den Durchsuchungen in Kamenz aufgefundenen Schreibutensilien ließ der Staatssicherheitsdienst begutachten. Das Kriminaltechnische Institut der Volkspolizei kam allerdings bei seinen Untersuchungen zu dem Ergebnis, dass die übersandten Substanzen und Arzneimittel nur zum Teil zur Herstellung von Geheimtinten geeignet seien.[346]

Die beschriebenen Papiere beförderten Brigitte Klump, Wieland und Lotte Lange-Werner nach West-Berlin und übergaben das Material direkt an Mitarbeiter des amerikanischen Nachrichtendienstes. Dieses Vorgehen barg aufgrund der zahlreichen beteiligten Personen viele Sicherheitsrisiken. Die westlichen Dienste betrieben kein sicherheitsbewusstes Informationsmanagement. Dieser unverantwortliche Leichtsinn brachte viele Menschen in Gefahr und ins Gefängnis und kostete einige, wie im Fall Lange-Werners, sogar das Leben.

Eine weitere Möglichkeit, Informationen zu übermitteln, boten sogenannte tote oder Tarnbriefkästen. Der Staatssicherheitsdienst hielt aus einem Verhör mit Lange-Werner fest: „Fricke erklärte mir, dass sich besonders in der Zusammenarbeit mit den in der DDR tätigen Agenten des westdeutschen Geheimdienstes die Methode der sogenannten Briefkästen bewährt habe.“[347] Die „Arbeitsmethoden des westdeutschen Geheimdienstes“ bestanden darin – so die vom Staatssicherheitsdienst protokollierten Aussagen Raupachs –, dass die V-Leute ihre Nachrichten in sogenannten Tarn- oder toten Briefkästen ablegten. Von hier aus brachten Kuriere die Unterlagen in den Westen. „Berger“ habe Raupach versichert, dass „der Transport des Spionagematerials völlig ungefährlich sei, da es sich um weißes Papier handelt, auf welchem keine Schriftzeichen zu erkennen wären“.[348] Mit dem Papier könne er seine Reiseverpflegung einwickeln und brauche nicht mit einer Festnahme zu rechnen.

Die Briefkästen, die Raupach anfuhr, befanden sich in Gotha, Magdeburg, Dresden, Leipzig und Karl-Marx-Stadt (Chemnitz). Er suchte sie zwei- bis dreimal pro Monat an vorher festgelegten Tagen auf, entnahm Materialien und hinterlegte Aufträge, Geld und einmal sogar Teile eines Funkgerätes. Ein ähnliches Reglement befolgten die V-Leute, sodass sich beide im Idealfall nicht begegneten. Im Umfeld der Briefkästen legten V-Leute und Kuriere ein Warn- und Sicherungssystem an, bei dem sie sich durch ausgelegte Reißzwecken oder mit Kreidestrichen signalisierten, ob alles in Ordnung war.[349]

Diese Sicherheitsvorkehrungen wurden zwar oft geändert, sie waren jedoch völlig unzureichend. Raupach erfuhr von seinen Auftraggebern in einigen Fällen sogar, dass weitere Kuriere in der DDR arbeiteten und wer die Briefkästen nutzte: In Magdeburg hätten ein MfS-Angehöriger, bis er Ende 1952 in den Westen floh, und in Dresden ein Mitarbeiter des sächsischen Innenministeriums Material hinterlegt.[350]

Darüber hinaus wollte Raupach aus Neugier die Nutzer der Briefkästen kennenlernen. Durch seinen Leichtsinn gefährdete er mindestens einen V-Mann, als er bewusst früher als verabredet nach Gotha fuhr und den Briefkasten beobachtete. Dabei traf er auf einen Eisenbahner, der etwas hinterlegte, und dem er in der Straßenbahn zum Bahnhof folgte:

> „Während der Fahrt nahm ich das Papier, welches ich aus dem sogenannten Briefkasten entnommen hatte, und wickelte damit meine Stullen ein. Mit dieser Handlung wollte ich feststellen, wie der Eisenbahner, der dicht neben mir stand, reagiert. Dieser sah mich an und begann, nachdem er einen Blick auf das Papier geworfen hatte, verständnisvoll zu lächeln."[351]

Der von Raupach beschriebene Eisenbahner trug auf seiner Uniform silberne Schulterstücke mit zwei Sternen. Diesem Anhaltspunkt ging der Staatssicherheitsdienst akribisch nach: Das MfS ermittelte, dass diese Angabe auf 27 Bahnmitarbeiter in der Altersgruppe von 25 bis 50 Jahren in den Gehaltsgruppen neun, zehn und elf zutraf, die auf dem Bahnhof, in einem Weichen- und einem Bahnbetriebswerk arbeiteten. Hauptmann Würzberger forderte aus Gotha Fotos aller infrage kommenden Personen an.[352] Zudem gelangte das MfS durch die Überwachung des Briefkastens in den Besitz eines mit unsichtbarer Tinte geschriebenen Berichts, der Angaben über „Bewegungen von Truppenteilen der Roten Armee auf der Reichsbahn“[353] enthielt. Da Raupach auf den ihm vorgelegten Fotos niemanden identifizierte, liefen die Ermittlungen ins Leere. Die Fotos verblieben aber beim MfS, „um sie für spätere Bildgegenüberstellungsprotokolle zu verwenden“.[354]

Genaue Ortsbeschreibungen ermöglichten es der Staatssicherheit, die Briefkästen zu überwachen[355]: In Karl-Marx-Stadt konnten zwei Männer zunächst noch weglaufen, bevor sie der Staatssicherheitsdienst doch noch verhaftete, ohne allerdings „Spionageberichte“ zu finden.[356] Beide kamen nach Hohenschönhausen, wurden aber nach wenigen Tagen entlassen, weil die „Anschuldigungen nicht den Tatsachen entsprechen“[357] würden.

Auch in Dresden ging dem MfS ein Mann ins Netz. Nach seiner Verhaftung wurde er nach Hohenschönhausen gebracht. Hier blieb er bei seiner Version, er habe mit dem Briefkasten nichts zu tun, sondern nur zufällig an dieser Stelle seinen Hund gepudert. Über ihn horchte ein für den Staatssicherheitsdienst arbeitender Mithäftling Raupach gezielt aus: „Bei einem Gespräch kamen wir auch darauf, dass ich zusammen mit einem Mann in der Zelle war, der aus Dresden kam und dort beim Hundepudern am Hohen Stein verhaftet wurde.“ Raupach wurde stutzig: „Ich sagte ihm [dem ZI], er heißt Martin“[358] – diesen Namen hätte er auf seiner Dienststelle in West-Berlin gehört.

Der Zellenspitzel unterrichtete das MfS auch über Raupachs Beschreibung einer Kontrolle während einer Bahnfahrt von Dresden zurück nach Berlin. Dem Zugbegleitkommando der Volkspolizei hatte Raupach offenbar einreden können, bei den von ihm mitgeführten zwölf bis vierzehn Bogen zerknüllten Papiers handele es sich um Stullen- und Toilettenpapier. Die Volkspolizisten hätten auch den Grund seiner Reise nach Dresden wissen wollen, ihm seine Antwort, er habe eine Kunstausstellung besucht, aber nicht abgenommen. Er habe sich bis zur Ankunft am Berliner Ostbahnhof überlegen sollen, was er wirklich gemacht habe, und auf der Wache dann erzählt, „dass er bei seiner Braut gewesen sei“.[359] Danach habe er gehen können.

Das MfS vernahm Raupach auch zu seinen Aktivitäten während des Volksaufstandes am 17. Juni 1953. An diesem Tag war er aus

Kamenz von einem Treffen mit Lange-Werner nach Berlin zurückgekommen. Er versuchte zunächst zu bestreiten, dass er Nummern von Fahrzeugen und Panzern notiert und an den westdeutschen Nachrichtendienst übermittelt hatte. Gegenüber seinem für die Staatssicherheit arbeitenden Mithäftling offenbarte er jedoch seine Befürchtung, Eva Meier* könne gestanden haben, dass er im Auftrag des westdeutschen Geheimdienstes Einheiten der VP und sowjetische Panzer beobachtet hatte.[360]

3.4 „Einer der bedeutendsten Spionagevorgänge"
Lange-Werner: eine „Panne" für die westlichen Geheimdienste[361]

Die Verhaftung Lange-Werners rechnete das MfS noch in der Eigengeschichtsschreibung der 1980er-Jahre zu seinen größten Erfolgen:

> „Einer der bedeutendsten Spionagevorgänge dieser Zeit wurde 1953 von der Abteilung I/3 der VP-Luft gegen den Leutnant der VP Lange-Werner, Christian geführt. Lange-Werner war bei der faschistischen Wehrmacht Fachlehrer und Flugzeugoberingenieur. Vor seiner Einstellung bei der VP Luft meldete er sich beim amerikanischen Geheimdienst in Westberlin und ließ sich anwerben. Als eingefleischter Faschist und Feind der DDR hat er in skrupelloser Weise alle Möglichkeiten ausgenutzt, seinen Auftraggebern zu dienen. Seine Dienststellung an der Schule Kamenz und seine Intelligenz benutzte er dazu, zwei weitere Mitarbeiter der VP für seine verbrecherische Tätigkeit zu gewinnen. Besonders skrupellos war er gegenüber seiner Ehefrau, die er zwang, entsprechende Unterlagen der Spionagezentrale zu überbringen. Ansonsten wurde die Verbindung zu Agenten durch Kurier unterhalten. Der Vorgang wurde mit insgesamt vier Festnahmen abgeschlossen. Lange-Werner wurde zum Tode verurteilt. Die Auswertung des Prozesses erfolgte im Neuen Deutschland am 3. November 1953."[362]

Ohne Zweifel traf der Verlust des frisch rekrutierten Lange-Werner die Organisation Gehlen an einer empfindlichen Schwachstelle: In der Kasernierten Volkspolizei verfügte sie nur über wenige

V-Leute.[363] Der Ausfall der „Spitzenquelle“ Lange-Werner verschärfte die Probleme des westdeutschen Nachrichtendienstes, der es auch 1954 und 1955 nicht vermochte, eine „systematische Aufklärungstätigkeit“ gegen die KVP aufzubauen.[364]

Kurz nach der Inhaftierung Lange-Werners gelang es dem Staatssicherheitsdienst, mit den Verhaftungswellen während der „konzentrierten Schläge“ („Feuerwerk“ im Herbst 1953, „Pfeil“ im Frühsommer 1954 und „Blitz“ im November 1954) weitere Netzwerke westlicher Nachrichtendienste in der DDR aufzudecken.[365] Vergleicht man das soziale Profil der hier verhafteten V-Leute mit dem Lange-Werners und seiner Mitinhaftierten, zeigen sich dabei trotz aller Heterogenität viele Gemeinsamkeiten: Alle stammten, auch wenn sie unterschiedliche soziale Milieus und Berufsgruppen verkörperten, aus der Mitte der Gesellschaft.[366] Oft sind Familien- und Freundschaftsbande nachweisbar. Viele glaubten, nicht nur für sich, sondern auch für ihre Kinder Verantwortung tragen zu müssen. Ein Teil der V-Leute gehörte vor 1945 der NSDAP an und diente in der Wehrmacht. Auffällig waren die vielen SED-Mitglieder unter den Inhaftierten – ein Zeichen dafür, auf welch tönernen Füßen die SED-Diktatur stand, die sich noch nicht einmal auf die eigenen „Genossen“ verlassen konnte. Das lag vor allem daran, dass die Parteizugehörigkeit für viele SED-Genossen eine funktionale Bedeutung besaß: Nur ein kleiner Teil der Mitglieder trat der Partei aus Überzeugung bei. Viele taten dies, um beruflichen oder persönlichen Nachteilen vorzubeugen.[367] Hier zeigt sich eine Parallele zur Mitgliedschaft in der NSDAP nach 1933, wie Forschungsergebnisse zeigen. Mit dem Unterschied, dass die NS-Herrschaft nur wenige Jahre später breit akzeptiert war, im Gegensatz zur SED-Herrschaft in der DDR.[368]

Der Staatssicherheitsdienst stellte fest, dass die Kuriere meist in Berlin oder der näheren Umgebung wohnten, weil sie dort ohne großen Aufwand die offene Sektorengrenze überqueren konnten. Als vermeintlich plausible Erklärungen für ihre Fahrten innerhalb der DDR dienten, wie bei Raupach, eine Tätigkeit als Versicherungsvertreter oder der Besuch von Familienangehörigen und weiblichen Bekanntschaften. Die Ermittlungen des Staatssicherheitsdienstes zeigen auch, dass die Erinnerungen an die noch nicht lang zurückliegende NS-Herrschaft und den Zweiten Weltkrieg, der Verlust der deutschen Ostgebiete und die Erfahrungen der Nachkriegszeit mit der Spaltung Deutschlands und die Ablehnung der kommunistischen Diktaturdurchsetzung die politischen Ansichten vieler V-Leute prägten.[369]

Es werden aber auch Unterschiede zwischen Lange-Werner und den V-Leuten sichtbar, die der Staatssicherheitsdienst zum Beispiel bei der Aktion „Feuerwerk“ verhaftete: Hier zählte die Mehrzahl der Inhaftierten zur Altersgruppe der 18- bis 35-Jährigen. Lange-Werner und die mit ihm verhafteten Männer und Frauen waren älter, zwischen 36 und 47 Jahren. Deutlich jünger war nur die 28-jährige Brigitte Klump. Darüber hinaus hatten Frauen an Lange-Werners und Raupachs Aktivitäten einen erheblich größeren und aktiveren Anteil als bei den während anderer Großaktionen festgenommenen V-Leuten, bei denen Frauen deutlich unterrepräsentiert waren.[370]

Das Vorgehen gegen Lange-Werner beweist, wie gründlich die sowjetischen Instrukteure das MfS darauf vorbereiteten, die Vorgaben der Siegermacht möglichst selbstständig umzusetzen: „Die beispielhaft geführten Vorgänge [gemeint ist Lange-Werner] belegen die Wirksamkeit und Schlagkraft der Organe des MfS bei der Erfüllung ihres Auftrages zur Sicherung des Aufbaus der Kasernierten Volkspolizei.“[371]

Weitere Inhaftierungen im Sommer 1953 und die großen Verhaftungsaktionen der „konzentrierten Schläge“ unterstrichen, dass der Staatssicherheitsdienst seine Abwehrstrategien schnell und effektiv professionalisierte.[372] Gerade die größeren Verhaftungswellen demoralisierten die Gegner der SED-Diktatur und diskreditierten die westlichen Nachrichtendienste. Die abschreckenden Auswirkungen der Todesstrafen auf die Bereitschaft von Menschen in der DDR, für den Westen zu spionieren, waren beträchtlich.[373] Dauerhaften Erfolg hatte die Einschüchterung jedoch nicht. Trotz der vielen „Pannen“ – so lautete bei der Organisation Gehlen die zynische Umschreibung für eine Verhaftung von Agenten, die meist lange Haftstrafen in der DDR verbüßen oder ihre Zusammenarbeit mit dem Westen mit dem Leben bezahlen mussten – gelang es der westlichen Militärspionage dennoch, bis zum Mauerbau effektiv zu arbeiten, weil sie sich auf ein großes Potenzial von Menschen stützen konnte, die sich trotz der drakonischen Strafen zur Zusammenarbeit bereitfanden.[374]

Über die Agentenführung der westlichen Dienste liegen jetzt erste fundierte Einblicke vor, die jedoch aufgrund des sehr beschränkten Quellenzuganges noch nicht alle Facetten freilegen konnten. Klar ist jedoch, dass insbesondere die Organisation Gehlen die Leistungskraft der MfS-Abwehr deutlich unterschätzt hat. Der westdeutsche Geheimdienst gab sich oft nur wenig Mühe, seine Quellen zu schützen. Die geringe Sorgfalt bei der Führung der Agenten in der DDR, nicht eingehaltene Regeln der Konspiration, aber auch Leichtsinn, Unerfahrenheit, Tatendrang und Abenteuerlust brachten zahlreiche V-Leute in große und oft tödliche Gefahr.[375]

Die vielfach nachgewiesene Sorglosigkeit der westlichen Dienste sowie die sich immer stärker professionalisierende Abwehrarbeit ihrer Gegner im Osten blieben den V-Leuten meist verborgen.[376] Viele führten ihre Enttarnung auf Verrat unter ihren Kameraden zurück, zumal wenn sie in größeren Gruppen agierten. Auch einige der Inhaftierten um Lange-Werner äußerten in Hohenschönhausen gegenüber dem „Zelleninformator", Brigitte Klump habe sie verraten.[377] Die westdeutschen Sicherheitsbehörden vermuteten, der Staatssicherheitsdienst habe Klump in Bad Düben gezielt bei Lange-Werner platziert und sie dafür bei der Vergabe des Kurplatzes bevorzugt.[378] Spätere Ermittlungen der Organisation Gehlen bei der Aufklärung der „Panne" erschöpften sich in der Annahme, eine persönliche Bekannte habe den KVP-Offizier an das MfS verraten.[379] Für beide Hypothesen finden sich allerdings in den MfS-Unterlagen keine Anhaltspunkte – es sei denn, den Nachrichtendienstlern in Pullach wäre der Verrat Klumps in der Untersuchungshaft bekannt gewesen.

Unabhängig davon zeigen die umfangreichen und gründlichen Ermittlungen in den beiden Vorgängen „Förster" und „Gesindel", dass es dem MfS durch eigene Ermittlungen gelang, die beiden wichtigen V-Männer Lange-Werner und Raupach zu enttarnen.

4. Klassenjustiz
Der Schauprozess und die Verhängung der Todesstrafe gegen Christian Lange-Werner

4.1 „Diesen Prozess in Cottbus durchzuführen“ Der Staatsanwalt übernimmt die Darstellung der Stasi[380]

Strafverfolgung in der SED-Diktatur war weit mehr als ein Akt der Rechtspflege. Vielmehr gehörte sie zu den wichtigsten Elementen der Diktaturdurchsetzung. Insbesondere die politische Justiz zielte darauf ab, die Gesellschaft auf sozialistischen Kurs zu bringen. Dementsprechend bestimmte das Gerichtsverfassungsgesetz vom 2. Oktober 1952 unmissverständlich, dass die Rechtsprechung dem Aufbau des Sozialismus dienen müsse.[381] Weil die SED-Führung vor allem die Inszenierung der „sozialistischen Gesetzlichkeit“ gemäß ihren Interessen und Vorgaben im Auge hatte, konnte von einer unabhängigen Justiz keine Rede sein. Staatsanwälte und Richter wurden als ausführende Organe des MfS angesehen.[382] Schon 1949 postulierte der Chef der sächsischen Polizei, der nachmalige sächsische Innenminister und MfS-Hauptabteilungsleiter Artur Hofmann, mit welchen Erwartungen die Sicherheitsorgane an die Justiz herantraten: „Ich halte es für angebracht, wenn wir uns bei krassen Fällen bereits vor den Verhandlungen zusammensetzen und ein entsprechendes Strafmaß festlegen würden.“[383]

Zu den wichtigsten Instrumenten, mit denen die SED diesen Kurs durchsetzte, zählte die Personalpolitik bei den Staatsanwaltschaften und Gerichten, die die politischen Strafsachen bearbeiteten. Diese Schlüsselstellen besetzte die SED-Führung nach und nach mit Personen, die die Vorgaben der Partei vorbehaltlos umsetzten. Dabei kam der fachlichen Qualifikation eine geringere Bedeutung zu als der politischen Zuverlässigkeit. Der Preis für Aufstiegsmöglichkeiten bestand in der Mitwirkung bei der politischen Repression. Das Justizpersonal musste sich hier bewähren, wenn es eine

Karriere anstrebte.[384] In der Regel akzeptierten Staatsanwaltschaft und Gerichte die vom Staatssicherheitsdienst konstruierte Vorstellung von Spionen, die vom Westen gesteuert aus niedrigen Beweggründen gehandelt hätten, und verhängten die gewünschten Urteile.

Der Einfluss der sowjetischen Führungsmacht erstreckte sich auch auf das hier behandelte Gerichtsverfahren. Nachdem das MfS den Ermittlungsvorgang am 2. Oktober 1953 an die Generalstaatsanwaltschaft übergeben hatte, teilte diese kurz darauf, am 5. Oktober 1953, dem Sowjetischen Hochkommissariat in Deutschland mit, dass folgende Strafen vorgesehen seien:

Christian Lange-Werner: Todesstrafe
Willi Raupach: lebenslänglich Zuchthaus
Adam Baum*: 15 Jahre Zuchthaus
Rudolf Demann: zwölf Jahre Zuchthaus
Horst Wieland: zwölf Jahre Zuchthaus
Eva Meier*: zehn Jahre Zuchthaus
Lotte Lange-Werner: zehn Jahre Zuchthaus.[385]

Mildere Urteile hätten im Grundsatz dem Charakter eines Schauprozesses, wie er für Lange-Werner und dessen Mitangeklagte geplant wurde, widersprochen.[386] Die Härte der Strafen entsprach dem Maßstab jener Schauprozesse, die 1950 in Dessau, Ende September 1953 in Zwickau und später im Rahmen der „konzentrierten Schläge" stattfanden.[387]

Das Verfahren gegen Lange-Werner sollte „vor ca. 800 Angehörigen der Dienststelle Volkspolizei Luft in Cottbus"[388] durchgeführt werden. Damit nutzte die Generalstaatsanwaltschaft eine Bestimmung der erst seit 1952 geltenden Strafprozessordnung. Die Regelung, dass Beschuldigte an dem Ort vor Gericht gestellt werden konnten, „in dessen Bereich die Untersuchung geführt wird", eröffnete den Justiz- und Sicherheitsorganen der DDR die Möglichkeit, Häftlinge dorthin zu verlegen, wo dem MfS „genehme Richter" amtierten.[389] Hauptmann Würzberger nannte in seinem „Vorschlag zur Durchführung der Hauptverhandlung" vom 13. Oktober 1953 einen weiteren Grund dafür, den Schauprozess in einer Dienststelle der VP-Luft in Cottbus abzuhalten:

„Da die Handlungen der Angeklagten die Arbeitsweise der imperialistischen Geheimdienste aufzeigt [sic!] und dazu angetan sind, das verbrecherische Wesen der amerikanischen Politik in Deutschland aufzuzeigen, die Volkpolizei-Angehörigen zur Wachsamkeit zu erziehen, wird der Vorschlag gemacht, diesen Prozess in der Dienststelle Cottbus der KVP-Luft vor Angehörigen der KVP durchzuführen.“[390]

Anfang Oktober 1953 verlegte der Staatssicherheitsdienst die Häftlinge von Berlin-Hohenschönhausen in den Zuständigkeitsbereich des Gerichtes nach Cottbus, wo sie zunächst von der Staatsanwaltschaft vernommen wurden. Dabei versuchte Lange-Werner erneut, die Beteiligung von Baum*, Demann und Wieland herunterzuspielen, um sie zu schützen.[391] Raupach sah sich bei seiner Vernehmung massiven Drohungen ausgesetzt. Er wagte es, die vom MfS in den Vernehmungsprotokollen vorgegebene Lesart zu durchbrechen, als er den Staatsanwalt darauf hinwies, er habe in Senftenberg keine Briefkästen geleert und weniger Spionageberichte befördert, als ihm zur Last gelegt wurde. Auch die ihm für die Anwerbung von Lange-Werner als Belohnung in Aussicht gestellten 150 Mark habe er nie erhalten.[392]

Diesen Aussagen maß die Staatsanwaltschaft in ihrer Anklageschrift vom 22. Oktober 1953 keine Bedeutung bei. Vielmehr übernahm Staatsanwalt Hans-Werner Heilborn die Darstellung aus dem Abschlussbericht von Hauptmann Würzberger sowie die Darlegungen, die die Generalstaatsanwaltschaft an die Justizfunktionäre beim Sowjetischen Hochkommissariat für Deutschland geschickt hatte, und verdichtete beides in seiner Anklageschrift.[393]

Hans-Werner Heilborn war zuvor in der Bezirksstaatsanwaltschaft Cottbus schnell zum Staatsanwalt befördert worden. Er gehörte zu den Absolventen des fünften Volksrichterlehrganges. Seine unzureichenden fachjuristischen Qualifikationen kompensierte er durch Ehrgeiz und Linientreue.[394] Die Erwartungen von SED und MfS hatte Heilborn verinnerlicht. So führte er bei einer Dienstbesprechung im Jahr 1951 aus, „dass Strafsachen vor der Hauptverhandlung mit den Richtern abgesprochen werden sollen, um Komplikationen zu vermeiden“.[395]

Insbesondere die „Verbrechen" der drei Offiziere wogen in seinen Augen schwer, weil sie mit dem Aufbau der VP-Luft – der künftigen Luftwaffe der DDR – betraut waren: „Die Beschuldigten wussten, dass ihr Unternehmen dazu beitragen sollte, die Kampfkraft unseres Staates der Arbeiter und Bauern zum Schutz unserer Staatsordnung erheblich zu untergraben und zu lähmen." Der Staatsanwalt warf Raupach vor, aus seinem bisherigen „asozialen" und kriminellen Verhalten nicht die Schlussfolgerung, ein ehrliches Leben zu führen, gezogen zu haben. Lotte Lange-Werner und Meier* hätten „ihr persönliches Wohlergehen über das Wohlergehen ihres Volkes" gestellt.[396]

Den Kern der Anschuldigungen fasste Staatsanwalt Heilborn in einer längeren Passage zusammen. Er bemühte eine von der SED-Führung auch in anderen Spionageverfahren vorgegebene Prozessführung, die die Beschuldigten als gewissenlose und geldgierige Verbrecher, die sich westlichen Auftraggebern andienten, beschrieb. Die von Heilborn verwendete Argumentationskette soll hier im Ganzen zitiert werden:

> „Sie haben dennoch, teils aus purer Geldgier, teils aus Feindschaft gegen die Republik dies getan, teils verbrämten sie ihr Tun mit Phrasen, in denen das Wort ‚Einheit' auch eine Rolle spielte und womit sie ihr Gewissen, sofern sie eines hatten, beschwichtigten. Als sie ihre Verbrechen begingen, wussten sie genau, dass es sich bei ihrem verbrecherischen Tun nicht um einen Kampf um die Einheit der friedlichen und demokratischen Kräfte, sondern um die Front der Kriegstreiber handelte, die sie zu ihren Taten beauftragen [sic!], damit diese wenigen Rüstungsmilliardäre zu dem von ihnen vorbereiteten Dritten Weltkrieg, aus dem sie ihre Profite ziehen wollen, gelangen konnten, um die Mehrheit der Menschheit unglücklich zu machen."[397]

Ganz bewusst hätten sich die Beschuldigten auf „die Seite der Imperialisten, Kriegstreiber, Volksverräter und Feinde aller friedliebenden Menschen" gestellt. Folgerichtig, so Heilborn, würden „unsere Werktätigen verlangen, dass das demokratische Gericht nunmehr in seinem Urteilsspruch die Rechte des Volkes gegen eine Bande von

Spionen verteidigt".[398] Er beantragte die Eröffnung des Hauptverfahrens vor dem I. Strafsenat des Bezirksgerichtes Cottbus und die Anberaumung eines Hauptverhandlungstermins. Innerhalb von nur acht Tagen wurde der Prozess dann organisatorisch vorbereitet.[399]

4.2 „Ich glaube kaum, dass sich das Bezirksgericht Cottbus richtig verhalten hat"
Schauprozess vor Drohkulisse soll abschrecken[400]

Die Hauptverhandlung fand am 30. Oktober 1953 in einem Kulturraum in Cottbus im Beisein von circa 700 KVP-Offizieren statt. Das Gericht tagte bis weit nach Mitternacht – von 8.05 Uhr morgens bis 2.00 Uhr nachts am 31. Oktober 1953.[401]

Aufseiten des Bezirksgerichtes Cottbus verhandelten Richterin Lucie von Ehrenwall, die 1957 an das Oberste Gericht der DDR aufrücken sollte, und Oberrichter Herrmann den Fall Lange-Werner. Als Vertreter der Anklage entsandte die Generalstaatsanwaltschaft Walter Piehl. Er gehörte zu den Absolventen der Volksrichterausbildung und hatte zunächst in der Landesstaatsanwaltschaft Thüringen gearbeitet. Nachdem er sich dort bewährt hatte, wechselte er 1952 in die Generalstaatsanwaltschaft.[402] Oberrichter Herrmann gehörte als ehemaliger Oberlandesgerichtsrat zu den juristischen Fachkräften, die ihre Tätigkeit in der neuen Ordnung fortsetzen durften.[403]

Mit Richterin Lucie von Ehrenwall leitete eine „Vorzeigefrau der brandenburgischen Justiz"[404] den Prozess gegen Lange-Werner und die anderen Angeklagten. Der berufliche Aufstieg der 40-Jährigen hatte als Personalreferentin im brandenburgischen Justizministerium begonnen. Dort wurde sie zwar 1951 abgelöst, weil sie für diese Aufgabe als fachlich „vollkommen ungeeignet" galt. Doch das tat ihrer Karriere keinen Abbruch, da sie wie kaum eine andere Justizfunktionärin den Erwartungen der SED-Führung entsprach: „Jeder Prozess muss eine Stärkung für uns werden"[405], forderte sie einmal auf einer Richtertagung. In ihren weiteren beruflichen Verwendungen als Landgerichtspräsidentin in Cottbus und später als Direktorin des dortigen Bezirksgerichtes leitete sie viele politische Prozesse selbst. Ehrenwall fällte mindestens zehn Todesurteile in politisch motivierten Verfahren.[406] Damit wollte sie das „Bewusstsein unserer

Bevölkerung entscheidend […] ändern".[407] Schon im Frühjahr 1953 schien es, dass ihrer Tätigkeit keine Schranken mehr gesetzt waren. Am 5. Juni 1953 verhängte sie gegen einen Mann die Todesstrafe, der angeblich im Auftrag des französischen Geheimdienstes eine Untergrundgruppe gebildet hatte. Dieses Urteil wies das Oberste Gericht jedoch zurück, weil der Verdacht bestand, der Betroffene sei geisteskrank. Ehrenwall protestierte auch gegen die Einstellung von Verfahren, die den Volksaufstand am 17. Juni 1953 zum Gegenstand hatten.[408]

Lucie von Ehrenwall als Vorsitzende, Oberrichter Herrmann als mitwirkender Richter und Staatsanwalt Walter Piehl als Vertreter der Generalstaatsanwaltschaft nutzten die große Bühne vor mehreren hundert Offizieren der KVP, um die vom Staatssicherheitsdienst konstruierte Vorstellung von Spionen, die aus niedrigen Beweggründen gehandelt hätten, zu präsentieren.

Während der tribunalartig angelegten Verhandlung konfrontierten Richterin und Staatsanwalt die Angeklagten mit ihren Aussagen aus den MfS-Protokollen. Darüber hinaus wurde den Beschuldigten gedroht, sofern sie bei ihren Aussagen von der in den Protokollen verschriftlichten Version der Geheimpolizei abwichen. „Ich glaube kaum, dass sich das Bezirksgericht Cottbus hier richtig verhalten hat"[409], beschwerte sich Raupach ein knappes Jahr später beim DDR-Generalstaatsanwalt.

Breiten Raum in der Verhandlung nahm die detailreiche Schilderung der Spionageabläufe ein. Ausführlich hatten die Angeklagten darzulegen, wie sie Geheimtinte und Tarnbriefkästen nutzten. Lange-Werner wurde gezwungen auszusagen: „Ich wies Wieland an, die Zahlen der Telefonnummer [von ‚Silber'] untereinander zu schreiben und dann zusammenzurechnen, um die Telefonnummer zu tarnen."[410] Später hieß es triumphierend in einem Schreiben der Generalstaatsanwaltschaft: „Es muss besonders hervorgehoben werden, dass von Seiten des Staatssekretariates für Staatssicherheit in diesem Verfahren eine sehr gute Ermittlungsarbeit geleistet worden ist."[411] Dass die erfolgreiche Arbeitsweise des MfS betont wurde, war durchaus als Warnung und Abschreckung an die der Verhandlung beiwohnenden KVP-Angehörigen zu verstehen. Ihnen sollte klargemacht werden, dass sie als Spione keine Chance hatten. Lange-Werner berichtete laut MfS-Vernehmungs- und Gerichtsverhandlungsprotokoll, dass „Silber" ihn erpresst habe, weil er doch als KVP-Offizier gar nicht nach West-Berlin hätte kommen dürfen. Es ist sehr wahrscheinlich, dass das MfS diese Aussage eigens für den Prozess konstruierte, denn Lange-Werner hatte dem sonst so umfangreich berichtenden Zellenspitzel davon offensichtlich nichts erzählt.[412]

Während der Verhandlung diskreditierten die Justizfunktionäre gezielt die Angeklagten, von denen einige ja der SED angehörten. Um von vornherein auszuschließen, dass klassenbewusste Parteimitglieder sich zu Spionagetätigkeiten hinreißen lassen könnten, stellte die Anklage die SED-Mitgliedschaft als Zufall oder Opportunismus hin. Über Lange-Werner hieß es, er sei nur aufgrund seines guten Verhältnisses zum Bürgermeister Tannenbergs der Partei beigetreten, da er sich über die Ziele der Arbeiterklasse nicht im Klaren sei. Auch Baum* habe auf Anraten seines Bürgermeisters Greppins und des Parteisekretärs die KPD-Mitgliedschaft angenommen, weil er zu diesen ein engeres Verhältnis pflegte. Demann erklärte vor Gericht seine Ablösung als Parteisekretär mit den Worten: „da ich nicht revolutionär genug war".[413] Es ging jedoch nicht nur darum, von den Charaktereigenschaften der angeklagten SED-Mitglieder ein möglichst schlechtes Bild zu zeichnen. Auch das Verhalten der Angeklagten während der Zeit der NS-Herrschaft kam zur Sprache.[414] Wieland musste erklären: „Ich gebe jetzt doch zu, dass ich durch meine Mitgliedschaft zum Nationalsozialistischen Kraftfahrerkorps mehr Aufträge erhielt und somit doch Vorteile hatte."[415]

Bei Lange-Werner griff das Gericht auf seinen Militärdienst während des Zweiten Weltkrieges zurück, als es ihn darlegen ließ: „Ob ich bei der faschistischen Wehrmacht ebenso gehandelt hätte, diese Frage zu beantworten, ist mir unmöglich." Weitere Aussagen, er sei zur VP gegangen, weil er in seinen Beruf zurückwollte, und er „hatte bei der VP zwar ein gutes Einkommen, aber das allein macht den Lebensinhalt nicht aus", sollten das Bild eines von niedrigen Motiven angetriebenen Menschen ohne feste Überzeugungen zeichnen, zumal er zugab: Die Agententätigkeit „hat mich ebenfalls nicht befriedigt".[416]

Demann brachte seine Unzufriedenheit mit seiner Situation in Kamenz zum Ausdruck, da er entlassen werden sollte. Er habe Lange-Werner nicht gemeldet, da er mit ihm befreundet gewesen sei.

Es gehörte zur Inszenierung dieses Prozesses mit Blick auf die als Publikum anwesenden Volkspolizeioffiziere, dass er auf Vorhalt des Staatsanwaltes sagen musste: „Ich sehe ein, dass das feige von mir war und ich an meiner Frau schlecht gehandelt habe."[417] Auch Baum* führte aus, er habe Lange-Werner aus freundschaftlicher Verbundenheit nicht bei den Sicherheitsorganen angezeigt. Zudem habe dieser ihm dringend benötigte Medikamente aus West-Berlin versprochen.

Hervorzuheben sind die mutigen Bemühungen Lange-Werners, die Beteiligung vieler Mitangeklagter kleinzureden. Durch seine Ausführungen, er habe sich Informationen von verschiedenen Offizieren besorgt, ohne diese einzuweihen, versuchte er, seine Mitangeklagten zu schützen. Baum* etwa habe die Geheimtinte nicht erkennen können.

Die Angeklagten unterliefen die Inszenierung der Justizfunktionäre an mehreren Stellen. Zum einen spielten sie ihre eigene Beteiligung an der Spionage herunter: „Dass meine Spionageangaben von so großer Bedeutung und Wichtigkeit sein könnten, habe ich mir nicht gedacht"[418], sagte Lange-Werner während der Verhandlung. Zwar habe er schon von Agentenzentralen gehört, „wusste allerdings nicht, wo sich diese Zentralen befinden".[419] Ihm sei es nicht darum gegangen, „den Staat zu schädigen, sondern mir eine Möglichkeit zu schaffen, mich abzusetzen".[420] Wohl auf ein mildes Urteil hoffend äußerte er: „Ich persönlich glaube nicht an einen neuen Weltkrieg. In Friedenszeiten war es doch auch der Fall, dass Agentenzentralen bestanden."[421] Auch Eva Meier* sagte in der Verhandlung: „Von Spionage war zwischen uns nie die Rede gewesen. Von Kurierfahrten und Spionagetätigkeit habe ich erst bei der Verhaftung erfahren."[422] Sie bestritt, sich überhaupt strafbar gemacht zu haben.

Es ging den Angeklagten allerdings auch darum, ihre politischen Motive darzulegen. Am offensivsten verteidigte sich Meier*, als sie die Choreografie von Stasi und Justizfunktionären durchbrach: Besonders eindrucksvoll hob sie die Beweggründe Raupachs hervor, der sich vor Gericht als geldgierig darstellen musste: „Er sagte mir, dass er das aus Idealismus für Deutschland tue. Er sagte mir, dass Deutschland in einem Jahr eins sein werde und dafür müsse man mit dazu beitragen." Klar wies sie auch auf ihre antikommunistische Grundhaltung hin, die ihr Handeln prägte. Sie berichtete von den Ereignissen in Bad Düben, als sie Lange-Werner bat, für sie zu arbeiten:

„Ich sagte darauf zu ihm: ‚Auch für Deutschland?‘ Er sprach davon, dass er sich nach West-Berlin absetzen möchte. Ich sagte darauf zu ihm, dass wir doch nicht alle nach West-Berlin gehen könnten, wir brauchen auch Leute hier, die für uns arbeiten.“[423]

Besonders große Anstrengungen unternahm Lange-Werner, um seine Frau vor einer Strafe zu bewahren. Einig seien sich beide zwar über die Flucht in den Westen gewesen, aber sie habe ihm immer gesagt, sie sei mit der Spionage nicht einverstanden. Als das Gericht seine Frau vernahm, schloss die Richterin den Ehemann Lange-Werner von der Sitzungsteilnahme aus. Es war entwürdigend, dass nun im Beisein von 700 KVP-Offizieren die „ehelichen Zerwürfnisse, welche durch die verbrecherische Tätigkeit des Angeklagten Lange-Werner entstanden waren“, dargelegt wurden. Diese bestanden im Kern darin, dass Frau Lange-Werner von ihrem Mann ein Ende der Spionageaktivitäten gefordert hatte. Auf Vorhalt ihres Verteidigers sagte sie: „Ich schrieb meinem Manne auch, dass unsere Ehe einer Katastrophe entgegengeht. Er antwortete darauf, meinetwegen geht er in keine Katastrophe.“[424] Ihr Rechtsanwalt übergab dem Gericht diesen Brief vom 2. Juli 1953 und bat, das Schreiben zum Gegenstand der Beweisaufnahme zu machen. Bei der Urteilsfindung berücksichtigte das Gericht das „Abhängigkeitsverhältnis“ von Lotte Lange-Werner zu ihrem Mann.[425]

Letztlich konnten die Verteidiger die Interessen ihrer Mandanten nur in einem sehr eingeschränkten Maß vertreten. „Alle fünf Verteidiger versuchten, die schweren Verbrechen der Angeklagten in ein günstigeres Licht zu stellen und baten um ein milderes Urteil wie beantragt“[426], erfuhr die sowjetische Seite. Die Verteidiger spielten nur eine Statistenrolle. Der Cottbuser Rechtsanwalt und Notar, der Lange-Werner vertrat, verteidigte viele politische Häftlinge.[427] Er bat um Prüfung, „ob die höchste Strafe der DDR ausgeworfen werden muss“. Seine Bitte „um ein mildes und gerechtes Urteil“ passte nicht ins Drehbuch des Prozesses.[428] „In der Erwiderung wurden von Seiten des Sitzungsvertreters die Verteidiger darauf hingewiesen, dass es auch für sie an der Zeit ist, in der Verteidigung vom Klassenstandpunkt unseres Staates der Arbeiter und Bauern heranzugehen.“[429]

Nach dem Prozess, im Februar 1954, wurde Lange-Werners Rechtsanwalt von Oberrichter Herrmann und Richterin Ehrenwall denunziert: Lange-Werner hatte seinen Anwalt anlässlich einer Rücksprache gebeten, eine „bestimmte Telefonnummer" in West-Berlin anzurufen und den Gesprächspartner darüber zu informieren, dass Brigitte Klump nicht angeklagt und vor Gericht auch nicht vernommen worden sei. Obwohl der Rechtsanwalt dies abgelehnt hatte, bestellte ihn Ehrenwall zu sich und verlangte von ihm, den Vorfall schriftlich niederzulegen. Dies wies der Anwalt zurück.[430] Noch später versuchte Lange-Werner mehrfach aus dem Gefängnis in Cottbus heraus, die Amerikaner vor Klump zu warnen.[431]

„Der Inhalt der Anklageschrift hat sich in allen Punkten bestätigt. Über dieses wenig überraschende Ergebnis der Verhandlung informierte die DDR-Generalstaatsanwaltschaft das Sowjetische Hochkommissariat. „Entgegen meinem Strafvorschlag", so unterrichtete Generalstaatsanwalt Melsheimer den dortigen Leiter der Justizabteilung, Oberst Jakupow, „war es notwendig, eine Änderung bei dem Angeklagten Wieland und der Angeklagten Lotte Lange-Werner vorzunehmen. Durch den Ablauf der Verhandlung war zu erkennen, dass der alte Faschist Wieland eine härtere Strafe als 12 Jahre verdient. Dagegen musste das Strafmaß bei Lotte Lange-Werner herabgesetzt werden, da durch einen Brief und ihre Aussage das Abhängigkeitsverhältnis zu ihrem Manne unter Beweis gestellt wurde."[432]

Das Strafmaß fiel entsprechend dem stalinistischen Justizsystem hart und gnadenlos aus:[433]

Christian Lange-Werner: Todesstrafe
Willi Raupach: lebenslänglich Zuchthaus
Adam Baum*: 15 Jahre Zuchthaus
Rudolf Demann: zwölf Jahre Zuchthaus
Horst Wieland: 15 Jahre Zuchthaus
Eva Meier*: zehn Jahre Zuchthaus
Lotte Lange-Werner: sieben Jahre Zuchthaus.[434]

Nach Ansicht des Gerichtes hatten sich alle Angeklagten „durch ihre Spionagetätigkeit der Boykott- und Kriegshetze im Sinne des Artikels 6 Absatz 2 der Verfassung der DDR und in Verbindung damit der

Propaganda für den Militarismus im Sinne der Kontrollratsdirektive Nummer 38 Abschnitt II Artikel III A III schuldig gemacht".[435] Diese weit dehnbaren Bestimmungen, die weder Tatbestände noch Strafrahmen genau definierten, lagen vielen Verurteilungen zugrunde. Bei anderen gleich gelagerten Verfahren wie etwa bei der Aburteilung von Funkern griff die DDR-Justiz auf das „Gesetz zum Schutz des Friedens" von 1950 zurück, das ähnlich unkonkret gefasst war.[436]

Das Gericht hob hervor, dass alle Angeklagten in der DDR über eine gesicherte Existenz verfügt und die Möglichkeit besessen hätten, in ihren Fachgebieten zu arbeiten: „Keinem der Angeklagten war aus seiner faschistischen bzw. militaristischen Vergangenheit ein Nachteil erwachsen. Es ist vielmehr festzustellen, dass alle Angeklagten aus feindlicher Einstellung gegen unsere demokratische Ordnung gehandelt haben."

In diesem Gerichtsverfahren ging es vor allem darum, den Angehörigen der KVP die drastischen Konsequenzen einer Arbeit für westliche Nachrichtendienste vor Augen zu führen. „Gegenüber solchen Spionageakten, wie sie die Angeklagten begangen haben, muss unser Staat mit allen durch die Gesetze zur Verfügung stehenden Mitteln geschützt werden." Die Urteilsbegründung führte deshalb unmissverständlich aus:

> „Die von den Angeklagten begangenen Verbrechen richten sich gegen den Bestand der DDR und unterstützen diejenigen Kräfte, die versuchen, die DDR zu beseitigen und die alte kapitalistische Ordnung wieder zu errichten. Solche Verbrechen sind in der heutigen Situation, in der Deutschland nach fast achtjähriger Kriegsbeendigung noch immer durch die Machenschaften der Westmächte entgegen den Bestimmungen des Potsdamer Abkommens gespalten ist, eine besonders große Gefahr, sie müssen deshalb mit aller Härte beantwortet werden."[437]

Aufgrund der „Skrupellosigkeit" Lange-Werners war aus Sicht der Richter „die härteste Maßnahme des sozialen Selbstschutzes gegen ihn anzuwenden. [...] Die Verbrechen dieses Angeklagten sind so schwer, dass das Gericht die gegen ihn beantragte Todesstrafe aussprechen musste."[438]

Generalstaatsanwalt Ernst Melsheimer konstatierte gegenüber seinem sowjetischen Kontrolleur Oberst Jakupow, „dass die Verhandlung einen guten Erfolg hatte. Aus den Diskussionen höherer Offiziere der KVP wurde versichert, dass diese Verhandlung in überzeugender Weise die Tätigkeit des Feindes allen vor Augen geführt hat. Die Partei wird diesen Prozess zum Anlass nehmen, in Unterrichtsstunden anhand der Auswertung einiger Schwerpunkte die Disziplin und Wachsamkeit zu erhöhen."[439]

Noch über 20 Jahre später erkundigte sich die MfS-Objektverwaltung „Wismut" 1975 bei der HA IX, ob ein ehemaliger Offiziersschüler 1953 als Zuschauer den Prozess mitverfolgt habe.[440] Diese Frage ließ sich allerdings nicht beantworten, weil kein Nachweis über den „geladenen Teilnehmerkreis" existierte.[441]

4.3 „Die Berufung wurde als unbegründet verworfen"
Das Scheitern vor dem Obersten Gericht der DDR[442]

Alle Verurteilten stellten Anträge auf Revision vor dem Obersten Gericht der DDR.[443] Die Berufungsverhandlung am 24. November 1953 leitete die 35-jährige Richterin Irmgard Eisermann.[444] Nach einer Volksrichterausbildung hatte sie 1950 an den Waldheimer Prozessen mitgewirkt, die als Exzess in der Geschichte der politischen Justiz in der DDR herausstechen. Mit diesen Prozessen gab die SED-Führung die Richtung vor, wie sie die Justiz als Instrument der Diktaturdurchsetzung ausgestalten wollte. Es galt das Primat der SED bei der Auswahl des Personals. Die SED-Führung kontrollierte und steuerte alle Phasen der Verfahren – von den Untersuchungsvorgängen bis hin zur Anklageerhebung, den Gerichtsverhandlungen und den verhängten Urteilen. Damit baute die SED-Führung die Justiz gezielt zu einem Herrschaftsinstrument aus, das unabhängig von ihr nicht wirken konnte.[445]

Seit September 1950 fungierte Irmgard Eisermann als Richterin beim Obersten Gericht. Im Februar 1952 stießen Helene Kleine und als Hilfsrichter Willy Seidel hinzu. Beide hatten sich in Volksrichterlehrgängen im Sinne der SED profiliert. Kleine, die das Wohlwollen von Justizministerin Hilde Benjamin genoss, gehörte nach dem Volksaufstand vom 17. Juni 1953 dem Operativstab an, der die

Strafverfahren im Sinne der SED-Führung anleitete.[446] Hier erfüllte sie die in sie gesetzten Erwartungen jedoch nicht sofort: „Festzustellen ist, dass sich beim Obersten Gericht gewisse Tendenzen der ‚Unabhängigkeit' zeigen. Es sind schwere Diskussionen mit der Genossin Kleine notwendig, um die Empfehlungen und Meinungen des Operativstabes durchzusetzen."[447]

Eisermann und Kleine waren zudem mit Vorträgen zur Justizsteuerung durch das Oberste Gericht in Erscheinung getreten.[448] Der ebenfalls Beteiligte Louis Schaudt wiederum kam 1952 zur Generalstaatsanwaltschaft – auch er hatte eine Volksrichterausbildung durchlaufen.[449]

Gleich zu Beginn der Beratungen für die Revisionsverfahren schloss Richterin Eisermann die „Öffentlichkeit wegen Gefährdung der Staatssicherheit"[450] aus. Die Anwälte der Beschuldigten versuchten, die Interessen ihrer Mandanten – die nicht selbst vor Gericht erscheinen durften – zu vertreten. Das Oberste Gericht bestätigte die in Cottbus gefällten Urteile aufgrund der außerordentlich hohen gesellschaftlichen Gefährlichkeit der Spionage: „Die Berufung wurde bei allen Angeklagten als offensichtlich unbegründet verworfen."[451] Somit erlangten die Urteile Rechtskraft.[452] Von diesem aus Sicht der Justizfunktionäre erfolgreichen Abschluss des Verfahrens erhielt auch Oberst Jakupow, der oberste Aufseher der DDR-Justiz beim Sowjetischen Hochkommissariat in Deutschland, umgehend Kenntnis.[453]

Der Fall Lange-Werner zeigt auch, dass die Justizfunktionäre, die sich bei der Umsetzung der Vorgaben der SED bewährt hatten, ihre Karrieren erfolgreich fortsetzen konnten. Wer dagegen die Erwartungshaltung nicht erfüllte, wurde entfernt.

Während Lucie von Ehrenwall im Oktober 1957 an das Oberste Gericht der DDR berufen wurde, wirkte Staatsanwalt Piehl an späteren Prozessen gegen Angehörige der Organisation Gehlen mit. Helene Kleine und Staatsanwalt Löser, der das Todesurteil gefordert hatte, beteiligten sich 1954 am Verfahren gegen den Spitzenpolitiker der Liberal-Demokratischen Partei Deutschlands, Karl Hamann, der bis zu seiner Verhaftung Ende 1952 Ko-Vorsitzender dieser bürgerlichen Blockpartei und Minister für Handel und Versorgung der DDR war. Kleine war zudem in die Verfahren zur bereits erwähnten Aktion „Feuerwerk" involviert. Auch bei den Prozessen gegen Karli

Bandelow und Ewald Misera sowie Karl Laurenz und Elli Barczatis ist eine Mitwirkung Kleines nachweisbar. Staatsanwalt Piehl wurde bei den großen Spionageprozessen gegen V-Leute westlicher Dienste eingesetzt.[454] Drei Jahre nach der verworfenen Berufung im Spionageverfahren Lange-Werner verlor Irmgard Eisermann hingegen ihre Position am Obersten Gericht der DDR[455], weil sie eine von der SED-Führung gewünschte Verurteilung nicht vollzogen hatte. 1961 heiratete sie den SED-Spitzenpolitiker Hans Jendretzky. Nach 1990 wurde sie wegen ihrer Mitwirkung an den Waldheimer Prozessen zu einer Freiheitsstrafe verurteilt.[456]

4.4 „Den friedlichen Aufbau der DDR sabotieren" Der Fall Lange-Werner in der SED-Propaganda[457]

Die politische Strafjustiz diente auch Propagandazwecken, indem die SED-Führung dafür Sorge trug, dass ihre Interpretation des Falles in der Bevölkerung bekannt wurde. Die Berichterstattung über das erfolgreiche Vorgehen des Staatssicherheitsdienstes gegen westliche Spionage und über den Schauprozess sollte einschüchtern und abschrecken – und zugleich die Minderheit der SED-Getreuen hoffnungsvoll stimmen.[458]

Über den Prozess und die Urteile berichteten die „Lausitzer Rundschau" am 3. November 1953 und einen Tag später auch das SED-Zentralorgan „Neues Deutschland" in gleichlautenden, ausführlichen Beiträgen.[459] Unter der Überschrift „Faschist Lange-Werner zum Tode verurteilt. Hohe Zuchthausstrafen für Angehörige einer Spionagebande" hieß es im „Neuen Deutschland", diese „Bande von Spionen" habe nach dem Willen ihrer westlichen Auftraggeber „den friedlichen Aufbau der DDR sabotieren und die Arbeiter- und Bauernmacht untergraben" wollen.

Die DDR-Presse verunglimpfte Lange-Werner als „eingefleischten Faschisten und Feind der DDR", der besonders skrupellos gegenüber seiner Ehefrau gehandelt habe. Von Raupach wurde das Bild eines „Berufsverbrechers" – ein Rückgriff auf einen insbesondere von der NS-Justiz verwendeten Rechtsbegriff – gezeichnet, der sich von Schwarzmarktgeschäften materielle Vorteile versprach und „nicht gewillt war, durch reelle Arbeit seinen Lebensunterhalt zu bestreiten".

Zudem sei er auch an der Vorbereitung und Durchführung der „faschistischen Provokation“ am 17. Juni 1953 beteiligt gewesen, als welche der Volksaufstand systemkonform interpretiert wurde.

Bei Wieland lag der Fokus auf dessen NS-Vergangenheit: Als ehemaliges „Mitglied der NSDAP und anderer faschistischer Organisationen“ sei er nach der „Zerschlagung des Faschismus keinen Sühnemaßnahmen unterworfen“ worden und habe „seinen Betrieb weiterführen“ dürfen. Diese „Großzügigkeit der Regierung missbrauchte er“.

Mit Blick auf die KVP insgesamt hob der Beitrag bei Demann darauf ab, dieser hätte durch eine Meldung „Gelegenheit gehabt, sich aus den Fängen dieser Verbrecher zu befreien“. Die Berichterstattung zeigte auf, dass es der „rechtzeitige Zugriff der Organe der Staatssicherheit“ gewesen sei, durch den es gelungen sei, „diese Bande“ zu „entlarven“ und zu beweisen, „mit welch skrupellosen Methoden die Agenten- und Spionagezentralen in Westberlin arbeiten“. Zukünftig würden „die Werktätigen und die Staatsorgane der DDR [...] ihre Wachsamkeit verstärken, um die verbrecherischen Anschläge der im Sold der amerikanischen und westdeutschen Kriegstreiber stehenden Agenten zunichte zu machen“.[460]

Der Fall Lange-Werner fand auch in den Berichten des Staatssicherheitsdienstes an die SED-Parteiführung einen Niederschlag:

> „Im Textilwerk in Geyer/Annaberg/Karl-Marx-Stadt diskutieren die Arbeiter positiv über die Verurteilung des Agenten Lange, der aus dem gleichen Ort stammt. Sie sagen unter anderem, dass es ihnen unverständlich sei, wie Lange, dessen unrühmliche Vergangenheit bekannt war, Offizier der KVP werden konnte. Eine Arbeiterin sagte: ‚Ich finde diese Urteile nicht zu hart, denn diese Verbrecher zerstören das, was wir mit unseren Händen aufbauen.‘ Die bekannt gewordenen Stimmen sind in der überwiegenden Mehrheit positiv. Negative Meinungen sind gering.“[461]

Die Artikel über den Cottbuser Prozess ordneten sich in eine ganze Reihe von Presseberichten und Propagandaaktionen ein, mit denen die SED-Führung und ihr Staatssicherheitsdienst die Bevölkerung über ihre Erfolge im Rahmen der Aktion „Feuerwerk“ informierten.

Damit hatte die offensive Strategie der „konzentrierten Schläge“ des MfS gegen Personen, die in der DDR für westliche Nachrichtendienste und antikommunistische Organisationen arbeiteten, begonnen.[462]

4.5 „Sie wollten ihn töten. Ermorden wollten sie ihn“ Das Todesurteil gegen Christian Lange-Werner wird vollstreckt[463]

Die SED-Führung instrumentalisierte die Todesstrafe, um ihre Herrschaft durch gezielte und maximale Abschreckung abzusichern. Von 1952 bis 1956 starben in der Hinrichtungsstätte Münchner Platz in Dresden 66 tatsächliche oder vermeintliche Gegner der SED-Diktatur unter dem Fallbeil. Allein 1954 wurden 17 Todesurteile vollstreckt.[464]

Lange-Werner erfuhr als „Todeskandidat“ im Cottbuser Gefängnis die große Achtung anderer politischer Häftlinge. Aus dem Bericht eines Mithäftlings erfahren wir, dass er glaubte, ein Gnadengesuch seiner Ehefrau werde Erfolg haben. Er ging davon aus, dass der Prozess nur inszeniert worden sei, um die Öffentlichkeit abzuschrecken. Deshalb hoffte er auf eine Umwandlung des Todesurteils in eine Zeitstrafe.[465]

Seine Hoffnung erfüllte sich nicht: Im Januar 1954 bestätigte das SED-Politbüro als der eigentliche „Souverän“ der DDR die Todesstrafe gegen Lange-Werner.[466] Diese Entscheidung bestätigte DDR-Staatspräsident Wilhelm Pieck, der dem Politbüro angehörte, als er am 8. Februar 1954 davon absah, ein Gnadenverfahren zu eröffnen. Damit lehnte Pieck die Gnadengesuche Lange-Werners, seiner Frau und seiner Kinder ab.[467] Auch eine Initiative des Generalbevollmächtigten des Rates der Evangelischen Kirche in Deutschland bei der Regierung der DDR, Probst Heinrich Grüber, blieb ohne Erfolg.[468] Über die Entscheidung Piecks wurde Lotte Lange-Werner am 24. Februar 1954 in der Strafvollzugsanstalt Cottbus informiert.[469]

Am 15. März 1954 beauftragte Staatsanwalt Löser von der DDR-Generalstaatsanwaltschaft den Leiter der Vernehmungen in Hohenschönhausen, Major Neumann, die „Vollstreckung des Todesurteils [...] durchzuführen“.[470] Am 19. März 1954 wurde Lange-Werner nach Dresden in das Gefängnis am Münchner Platz gebracht. Dort wurde ihm gegen 22.00 Uhr eröffnet, dass am nächsten Morgen um 4.30 Uhr das Urteil vollstreckt werde. Befragt nach seinen letzten

Wünschen erbat Lange-Werner Zigaretten, Schreibpapier und etwas zu trinken.[471] Im Beisein von Staatsanwalt Piehl und Major Neumann, der im Protokoll allerdings als Angestellter firmierte – wohl um seine MfS-Zugehörigkeit zu verschleiern – ‚vollstreckte der Henker am 20. März 1954, 4.10 Uhr, das Urteil. Dafür benötigte der Scharfrichter sieben Sekunden.[472]

Am 20. März 1954 ließ die SED-Führung noch drei weitere Todesurteile in Dresden vollstrecken: Hingerichtet wurden Werner Hofmann, Personalreferent im DDR-Innenministerium, wegen Spionage für die Amerikaner; Ernst Jennrich aufgrund der – nicht nachgewiesenen – Erschießung eines Polizisten bei der Erstürmung des Gefängnisses Magdeburg-Sudenburg während des Volksaufstandes am 17. Juni 1953; und Albrecht Gessler, der als Reaktion auf die Enteignung seines Vaters während der Bodenreform einen Bombenanschlag auf eine Eisenbahnstrecke verübt hatte.[473]

Als Lange-Werner sich bei seinen Mitgefangenen in Cottbus nicht mehr mit Klopfzeichen meldete, löste dies tiefe Trauer aus. Noch Jahrzehnte später erinnerte sich der bereits genannte Haftkamerad, der als junger Mann Lange-Werner kennengelernt hatte und ihn aufgrund seiner aufrechten und antikommunistischen Haltung verehrte: „Sie wollten ihn töten. Ermorden wollten sie ihn."[474]

Mit der geheim vollzogenen Hinrichtung setzte die SED-Diktatur eine bereits im NS-Regime ausgeübte Praxis fort.[475] Die unter den Blicken der Verfolger geschriebenen Abschiedsbriefe wurden den Adressaten nicht zugestellt, sondern verblieben in den Akten des Staatssicherheitsdienstes.[476]

Die Angehörigen der Opfer ließ der Staatssicherheitsdienst monatelang im Unklaren. Erst am 29. Juli 1954 erhielt das Gefängnis Hoheneck, in dem Lotte Lange-Werner mittlerweile inhaftiert war, eine entsprechende Mitteilung. Eine besondere schriftliche Benachrichtigung der Witwe unterblieb: „Der Strafgefangenen soll in entsprechender Form Kenntnis gegeben werden, dass das Urteil an ihrem Manne vollstreckt worden wäre." Ausweislich eines handschriftlichen Vermerks wurde „mit der Strafgefangenen am 4. August 1954 ein Gespräch geführt".[477]

Seine Familie wollte den Leichnam Lange-Werners in der Grabstätte der Schwiegereltern beisetzen. Diesen Wunsch verweigerte die Staatsanwaltschaft, „da derartige Maßnahmen nicht dem Gesetz entsprechen".[478] Zudem bat die Familie, ihr Trauring, Uhr und weitere persönliche Hinterlassenschaften Lange-Werners zu überlassen. Dazu erklärte sich die Untersuchungshaftanstalt Dresden bereit. Allerdings verweigerte die VP-Dienststelle Kamenz die Herausgabe, da alle persönlichen Sachen Lange-Werners unter die „volle Vermögenseinziehung"[479] fallen würden.

Menschenverachtend war auch die mit der Vollstreckung der Todesstrafe verbundene Bürokratie, wie jenes Schreiben zeigt, dass die Hinrichtungsstätte Dresden am 26. Mai 1954 an DDR-Innenminister Karl Maron richtete:

> „Für die Vollstreckung des Urteils in der Strafsache Jennrich, Gessner, Lange-Werner und Hoffmann bitte ich, die noch ausstehenden Kosten in Höhe von 1600 Mark an den Staatsanwalt des Bezirks Dresden baldmöglichst zu überweisen, da ich ständig darum angemahnt werde und absolut keine Mittel für diese Zwecke zur Verfügung habe. Außerdem übersende ich beigefügt die Rechnung des VEB Holzverarbeitung Ullersdorf über 120 Mark mit der Bitte um Erledigung."[480]

14 Jahre später prüfte das MfS im Juni 1968, wie mit der Aushändigung von Urnen verfahren werden sollte. Die Strafprozessordnung aus dem Jahr 1877, die allerdings außer Kraft gesetzt war, sah vor: „Der Leichnam des Hingerichteten ist seinen Angehörigen auf ihr Verlangen zur einfachen, ohne Feierlichkeiten vorzunehmenden Beerdigung zu verabfolgen." Eine „Herausgabe der Urnen", so das MfS, lasse „der derzeitige Verfahrensweg bei der Vollstreckung von Todesurteilen [...] nicht zu". Dem MfS war bewusst, „dass es eine gesetzliche Handhabe zur Verweigerung der Herausgabe der Urne nicht gibt". Der bisherige unmenschliche Umgang mit den sterblichen Hinterlassenschaften der Hingerichteten beruhte, so das MfS im Jahr 1969, „zum größten Teil [...] auf Gewohnheitsrecht", also auf willkürlicher obrigkeitsstaatlicher Praxis.[481]

Ab 1968 galten in der DDR die Bestimmungen eines eigenen Strafgesetzbuches. Dadurch wurde mit Wirkung vom 1. Juli 1968 eine „Änderung für den Vollzug ausgesprochener vollstreckbarer

Todesurteile erforderlich". Das MfS lobte den „humanitären Charakter unseres sozialistischen Strafrechts", der sich im gesetzlichen „Verbot des Ausspruchs und des Vollzugs der Todesstrafe gegen Jugendliche, Schwangere und Geisteskranke" äußere. Zudem erfolge nun „in der Art der Vollstreckung der Todesstrafe" eine „völlige Veränderung im Interesse des humanitären Anliegens unseres sozialistischen Strafrechts". Während das bisher „geltende StGB die Enthauptung verlangt" hatte, bestimmte „das neue Strafgesetzbuch, dass die Todesstrafe nunmehr durch Erschießen vollstreckt wird".[482] Das letzte Todesurteil der DDR-Geschichte wurde am 26. Juni 1981 in Leipzig gegen den MfS-Offizier Werner Teske vollstreckt.[483]

4.6 „In keinem Verhältnis zu den Strafen der Mitverurteilten"

Herabsetzung von Strafmaßen und vorzeitige Entlassungen[484]

Mit Ausnahme des Todesurteils gegen Lange-Werner wurde keines der am 24. November 1953 bestätigten Strafmaße in vollem Umfang umgesetzt. Letztlich verbüßten alle im Umfeld von Lange-Werner verurteilten Personen weniger als die Hälfte ihrer jeweiligen Haftstrafen. Besonders ins Gewicht fiel die vorzeitige Entlassung bei Willi Raupach, der statt lebenslänglich „nur" elf Jahre inhaftiert blieb.

Lotte Lange-Werner wurde am 19. Mai 1954 von Cottbus in das Frauengefängnis Hoheneck verlegt. Die Wochen vom 11. November 1955 bis 21. Februar 1956 verbrachte sie im Haftkrankenhaus Meusdorf. Von dort wurde sie über die Untersuchungshaftanstalt Karl-Marx-Stadt wieder nach Hoheneck zurückgebracht. Am 28. März 1957 wurde sie vorzeitig von Hoheneck in ihre Heimat nach Tannenberg entlassen. Ihre Geschwister hatten sich in der Zwischenzeit um die beiden kleinen Kinder gekümmert, ohne dafür eine finanzielle Unterstützung durch die DDR-Behörden zu erhalten.[485]

Am 19. Mai 1955 und damit auf den Tag genau ein Jahr nach Lotte Lange-Werner wurde auch Eva Meier* von Cottbus in das Frauengefängnis Hoheneck gebracht. Ihre Strafe wurde herabgesetzt, sodass die DDR-Behörden sie am frühen Morgen des 15. November 1957 entließen. Bereits einen Tag nach ihrer Haftentlassung registrierten die DDR-Behörden sie als „republikflüchtig".[486]

Willi Raupach saß nach der Gerichtsverhandlung im Gefängnis Cottbus ein. Er strebte eine Kassation seines Urteils an. Dieser Vorstoß blieb ohne Erfolg, weil seine Strafe der „gesellschaftlichen Gefährlichkeit des von ihm begangenen Verbrechens" entspräche, wie die Staatsanwaltschaft der Strafvollzugseinrichtung Cottbus mitteilte. Am 15. September 1956 wurde er in die Haftanstalt Brandenburg verlegt und am 24. September 1964 schließlich entlassen. Zehn Jahre später siedelte er „legal" in die Bundesrepublik Deutschland über.[487]

Rudolf Demann ließen die DDR-Behörden am 31. März 1954 von Cottbus in die Strafvollzugseinrichtung Luckau verlegen. Seine Ehefrau, die in den Westen geflohen war, erkundigte sich mehrfach nach ihm. Die Staatsanwaltschaft überließ es dem Leiter der Hafteinrichtung zu entscheiden, ob Demann an seine Frau in West-Berlin schreiben durfte. Aufgrund eines Gnadenerweises wurde sein Strafmaß auf fünf Jahre reduziert. Wie Raupach wurde er nach Brandenburg überführt. Von dort aus erfolgte am 29. September 1956 seine Entlassung. Danach verließ er „illegal das Gebiet der DDR".[488]

Adam Baum* wurde zeitgleich mit Raupach am 15. September 1956 von Cottbus nach Brandenburg verlegt. Im gleichen Jahr verringerte ein Gnadenerweis seine Strafe von 15 auf zehn Jahre. 1960 wurde ihm die Reststrafe erlassen. Nach seiner Entlassung am 19. November 1960 verließ er rund einen Monat später, am 22. Dezember 1960, „illegal" die DDR.[489]

Horst Wieland durchlief mehrere Hafteinrichtungen. Am 14. Februar 1955 wurde er von Cottbus nach Torgau und von dort am 2. Juli 1955 nach Luckau verlegt. Staatsanwalt Löser von der Generalstaatsanwaltschaft teilte der Staatsanwaltschaft Cottbus 1957 mit, dass das Urteil gegen Wieland „erheblich überhöht ist und in keinem Verhältnis zu den Strafen der Mitverurteilten steht". Acht Jahre „werden für angemessen gehalten". Letztlich wurde die Strafe Wielands nur auf zehn Jahre herabgesetzt. Seine Reststrafe erließen ihm die DDR-Behörden 1960, sodass er am 19. November 1960 – am gleichen Tag wie Baum* – von Brandenburg aus entlassen wurde. Am 6. Mai 1961 floh auch er in den Westen.[490]

5. Verpflichtung
„Inoffizielle Mitarbeiterin" bis zur Wiedervereinigung

Während die anderen am Vorgang „Gesindel" Beteiligten sich noch vor Gericht verantworteten, hatte Brigitte Klump ihren Dienst bei der Stasi bereits aufgenommen. Vermutlich ohne zu ahnen, dass die Verwicklung in die Machenschaften der Geheimpolizei ihr weiteres Leben prägen, vielmehr noch überschatten würde: Wie mit der Stasi in Hohenschönhausen verabredet, begab sich Klump nach ihrer Haftentlassung noch am Abend des 5. August 1953 nach West-Berlin in die Dienststelle des amerikanischen Nachrichtendienstes, die sie bereits von ihren Botengängen für Lange-Werner kannte. Dort tischte sie den Mitarbeitern eine vom Staatssicherheitsdienst entwickelte Geschichte auf: Da ihr Lange-Werner geraten habe, sie solle sich bei Gefahr an die Amerikaner wenden, sei sie nun gekommen. Sie habe Kamenz nach der Verhaftung Lange-Werners nicht eher verlassen können, weil das Gebiet nach einem Ausbruch von Kinderlähmung unter Quarantäne gestanden habe. Hauptmann Schulz – bei dem die Amerikaner aufgrund der von Klump im Juli 1953 übermittelten Hinweise davon ausgingen, seine Anwerbung durch Lange-Werner sei geglückt, der aber tatsächlich für die Stasi als GI „Blume" arbeitete – habe ihr dann eine Fahrkarte besorgt, mit der sie nach West-Berlin gefahren sei. Die Amerikaner glaubten ihr diese Geschichte und rieten ihr von einer Rückkehr in die DDR ab.[491]

Sie stellten Klump auf dem Gelände des Nachrichtendienstes eine Wohnung zur Verfügung und beschäftigten sie als Stenotypistin. Eingesetzt wurde sie im Zusammenhang mit der Befragung von V-Leuten, die aus der DDR nach West-Berlin zu den Amerikanern kamen. Bei den Gesprächen liefen Tonbänder mit, die Klump später abschrieb. Dabei gelangte sie an Informationen über Industriebetriebe in der DDR, technische Vorgänge und Kraftstoffe. Zu den V-Leuten, die Klump sogar identifizieren konnte, zählten ein

Technischer Direktor des Ostberliner Großbetriebes Kabelwerk Oberspree, eine „Frau aus Magdeburg", ein „Doktor aus Leuna/Buna" und ein Mitarbeiter des Meteorologischen Instituts in Potsdam.[492]

Brigitte Klump, die nun für die Stasi als GI „Helmtraud" arbeitete, traf sich regelmäßig, meist alle zwei Wochen, mit ihrem Führungsoffizier Erich Kistowski alias „Ernst" in verschiedenen Ostberliner Cafés oder Gaststätten. Bei diesen Zusammenkünften übergab sie nicht nur die aus den Abschriften gewonnenen Informationen und in einigen Fällen sogar Originaltonbänder, sondern auch Grundrisse amerikanischer Dienststellen und Strukturunterlagen zu DDR-Ministerien, zum Beispiel dem für Schwerindustrie. Diesem Ministerium fiel für den Ausbau der Rüstungswirtschaft in der DDR eine zentrale Rolle zu.[493] Von Kistowski erfuhr sie auch vom Todesurteil gegen Lange-Werner – und zwar bevor der Prozess in Cottbus überhaupt angefangen hatte.[494]

Während der Treffen kamen sich Klump und Kistowski offenbar näher. Es entstand eine intime Beziehung. Aus „operativer Sicht" waren Stasi-intern derartige „Intimverhältnisse" verboten – offenbar hielten sich jedoch selbst hochrangige Staatssicherheitsoffiziere nicht an diese Vorgabe[495]:

> „Als er zum ersten Mal vertraulich wurde und ich entrüstet nach außen zu ihm sagte, dies gehöre wohl auch zu meiner Tätigkeit. In Wirklichkeit war ich ihm nicht böse. Für uns beide war es von vornherein klar, dass nie eine feste Verbindung zwischen uns beiden bestehen bleiben würde."[496]

Als Kistowski die Zuständigkeit für Klump abgab, behielt Klump die intime Beziehung gegenüber ihrem neuen Führungsoffizier für sich.[497]

Schon früh geriet ihre Tarnung in Gefahr: Ihr Mann Eugen, der seit ihrer Verhaftung nichts mehr von ihr gehört hatte, suchte nach ihr und fragte auch bei der Stasi nach. Am 26. August 1953 erhielt er „irrtümlicherweise" in der Zentrale des Staatssicherheitsdienstes in der Normannenstraße in Berlin-Lichtenberg die Mitteilung, dass seine Frau bereits entlassen worden sei. „Damit war die Konspirierung der Haftzeit bereits nicht mehr gegeben." Kurze Zeit später fand der eifersüchtige Eugen Klump heraus, wo sich seine Frau befand. Das Wiedersehen lief schnell aus dem Ruder. Unter Alkoholeinfluss misshandelte Eugen Klump seine Frau – die damit verbundene Geräuschkulisse interpretierten die Amerikaner als „stürmische Feier".[498] Der Staatssicherheitsdienst, den Brigitte Klump ins Bild setzte und um Hilfe bat, reagierte schnell. Das Drohpotenzial reichte aus, um auch ihn gefügig zu machen. Die Stasi verpflichtete Eugen Klump am 26. April 1954 ebenfalls als Inoffiziellen Mitarbeiter (IM). Seine wichtigste Aufgabe bestand darin, sich gegenüber seiner Frau so zu verhalten, dass er ihren Einsatz nicht gefährdete. Auf der Rückseite der von ihm unterschriebenen Verpflichtungserklärung notierte Major Neumann, dass der Chef der Staatssicherheit, Staatssekretär Wollweber, in einer Dienstberatung am 3. Dezember 1954 die gewachsene Effektivität der Spionageabwehr im Bereich der Kasernierten Volkspolizei hervorgehoben habe.[499]

Trotz der Anstrengungen des Staatssicherheitsdienstes, den Einsatz Klumps nicht zu gefährden, schöpften die amerikanischen Nachrichtendienstmitarbeiter Verdacht. Sie beendeten die Zusammenarbeit und schoben Brigitte Klump am 11. August 1954 nach Westdeutschland ab. Am 23. August 1954 kehrte sie auftragsgemäß in die DDR zurück. Dort begann nun eine umfangreiche Befragung durch den Staatssicherheitsdienst. Der hatte in der Zwischenzeit die von Klump zur Verfügung gestellten Abschriften und Tonbänder ausgewertet. Anhand heimlich besorgter Vergleichsstimmproben identifizierte Klump einige V-Leute. Diese Informationen gelangten auch zu den sowjetischen „Freunden". Stolz bilanzierte die DDR-Geheimpolizei: „Durch ihre Tätigkeit erhielten wir umfangreiche Materialien und wertvolle Hinweise, so dass durch verschiedene Dienststellen auf Grund der von uns überreichten Materialien eine Anzahl Agenten festgenommen wurden."[500]

Trotz der vielen Detailinformationen, die die Stasiunterlagen über die Person Klump enthalten, wissen wir nichts über ihre Beweggründe, Wünsche und Ansichten. Sie bleibt deshalb als Akteurin blass. Ihre Selbstaussagen werden durch die Quellenperspektive gebrochen. Wir erfahren nur, welchen funktionalen Wert sie für den Staatssicherheitsdienst besaß, wenn Klump ihre Spitzeldienste positiv bewertete: „Ich konnte durch diese Tätigkeit tatsächlich einen kleinen Teil meiner Schuld wiedergutmachen." Sie hatte sich nun „voll und ganz dem Leben in der DDR verschrieben".[501] Dennoch stellte das MfS am 10. Januar 1955 die Zusammenarbeit wegen „Perspektivlosigkeit" ein.[502]

Brigitte Klump blieb in der DDR. Nach ihrer Scheidung 1960 lebte sie weiter mit Eugen zusammen, mit dem sie am 19. Mai 1961 eine legale Reise in die Bundesrepublik Deutschland antrat, um ihn bei der Pflege seiner kranken Eltern zu unterstützen. Im Schwarzwald heirateten die beiden erneut – im MfS-Jargon fand eine „konspirative Eheschließung" statt, da sie, um Aufsehen zu vermeiden, keine Gäste eingeladen hatten.[503]

Dennoch wurde Klump in der Bundesrepublik Deutschland von ihrer Vergangenheit eingeholt: Die meisten der in Cottbus Verurteilten waren nach ihrer Haftentlassung in den Westen geflohen und hatten den bundesdeutschen Sicherheitsbehörden von ihren Repressionserfahrungen berichtet. Deshalb geriet Klump ins Visier der westdeutschen Justiz. Die Bundesanwaltschaft ließ sie am 29. Mai 1961 in Lahr verhaften und zur Vernehmung nach Karlsruhe bringen. Davon erfuhr das MfS aus seiner Überwachung des westdeutschen Fernschreibverkehrs einen Tag später – und wartete erst einmal ab.[504] Klumps ehemaliger Führungsoffizier Kistowski notierte auf der ihm vorgelegten Meldung: „Keine Maßnahmen einleiten."[505]

Trotzdem verfolgte das MfS aufmerksam die Vorgehensweise der westdeutschen Sicherheitsbehörden. Aus der von der Stasi mitgelesenen Kommunikation ging hervor, dass die Bundesanwaltschaft vom Bundeskriminalamt (BKA) wissen wollte, seit wann Klump bei den amerikanischen Diensten als Mitarbeiterin verzeichnet war, wie viele Treffen vor dem 1. August 1953 stattgefunden hatten, welche Legende sie bei den Amerikanern verwendet und ob sie Ende Juni 1953 hydraulische Unterlagen über die MiG 15 und ein Kreiselvisier zum Abfotografieren übergeben hatte.[506] Der BND informierte das BKA am 30. Juni 1961, dass die „Rücksprache bei hiesigen Freunden ergab, dass die Akte Brigitte Klump nicht auffindbar sei".[507] Das BKA bat nun den BND, einen übergelaufenen MfS-Hauptmann zum „Komplex „Lange-Werner/Klump" zu befragen.[508] Zudem versuchte das BKA, den Aufenthaltsort der amerikanischen Nachrichtendienstmitarbeiter „Silber" und „Kunert" zu ermitteln, die in dem

Fernschreiben unachtsam mit ihren Klarnamen aufgeführt worden waren.[509] Das hessische Landeskriminalamt teilte dem BKA schließlich am 28. Juli 1961 die Erfolglosigkeit seiner Bemühungen mit.[510] Durch die abgefangene Kommunikation konnte das MfS die inhaltlichen Schwerpunkte in den Vernehmungen Klumps in Karlsruhe gut nachvollziehen.

Wenige Tage nach dem Mauerbau, am 24. August 1961, entließ die Bundesanwaltschaft Klump, aber das Ehepaar Klump reiste erst am 30. April 1963 wieder in die DDR ein. Im Aufnahmelager Barby an der Elbe unterzog das MfS Brigitte Klump einer langen und intensiven Befragung. Die Offiziere wollten in Erfahrung bringen, welche Informationen sie über ihre Beteiligung am Fall Lange-Werner in Karlsruhe preisgegeben hatte. Sie erzählte dem MfS, dass sie gegenüber der Bundesanwaltschaft ihre eigene Inhaftierung 1953 eingeräumt habe. Spätestens jetzt musste den westdeutschen Sicherheitsbehörden klar geworden sein, dass sie für die Stasi arbeitete. Die Bundesanwaltschaft hatte Klump mit den Aussagen der anderen Beteiligten am Fall Lange-Werner konfrontiert, die sich „gewundert hätten, dass Sie in Cottbus fehlten". Alle, außer Raupach, seien von ihrem Verrat überzeugt gewesen. Aus Klumps Bericht an das MfS geht hervor, dass sie 1953 Lange-Werner verraten hatte: Das habe sie in Karlsruhe allerdings geleugnet – „obwohl ich es genau wusste".[511]

Nach der Entlassung in Barby blieb Klump im Blickfeld des Staatssicherheitsdienstes. Am 5. Mai 1964 wurde dem MfS „über die Freunde" bekannt, dass ihr Pkw bei einer Verladung von sowjetischen Panzern in Kaulsdorf aufgefallen war. Die für die Spionageabwehr zuständige Abteilung II der MfS-Bezirksverwaltung Berlin nahm Kontakt auf wegen „einer Fortführung der inoffiziellen Zusammenarbeit", ohne sie aber als „Inoffizielle Mitarbeiterin" zu verpflichten.[512]

Völlig neue Perspektiven eröffneten sich wenige Jahre später. Seit 1971 arbeitete Klump zunächst im Ost-Berliner Rechtsanwaltskollegium als Sekretärin für eine Rechtsanwältin. In dem Büro lernte sie einen weiteren Rechtsanwalt kennen, zu dem sie als Sekretärin wechselte. Nachdem dieser sich im Sommer 1973 in die Bundesrepublik abgesetzt hatte, versuchte das MfS, seine von dort aus unternommenen Fluchthilfeaktivitäten aufzuklären. Dabei arbeitete Klump als

Kontaktperson „Eva" dem Staatssicherheitsdienst im sogenannten Zentralen Operativen Vorgang „Alpha" zu. Sie gehörte im umfangreichsten Überwachungsvorgang, den das MfS in der Ära Honecker über Jahre hinweg gegen einen Ost-Berliner Anwalt verfolgte, zu den ergiebigsten Quellen.[513]

Um ihre Zuverlässigkeit beurteilen zu können, durchleuchtete Hauptmann Horst Hillenhagen von der für die Spionageabwehr des MfS zuständigen Hauptabteilung II Ende 1975 ihren Lebensweg. Besonders ausführlich setzte er sich auf der Grundlage der Vernehmungsprotokolle aus dem Jahr 1953 mit dem Fall Lange-Werner und der nachfolgenden Zusammenarbeit Klumps mit dem MfS auseinander – nach der Einvernahme Klumps durch die Bundesanwaltschaft befasste sich das MfS nun bereits zum zweiten Mal intensiv mit diesem wichtigen Spionagevorgang.

Hillenhagen fand heraus, dass Klump von den spektakulären „Ausschleusungen" des geflohenen Anwaltes wusste, die dieser 1974 und 1975 von der Bundesrepublik Deutschland aus organisiert hatte. Mit einem gemieteten Hubschrauber waren DDR-Bürger von der ČSSR nach Bayern geflogen worden, wobei es auch zu einem Schusswechsel und diplomatischen Verwicklungen gekommen war. Derartige, akribisch durchgeführte „Recherchen" beförderten die Karriere Hillenhagens, der 1987 an der Stasi-eigenen Juristischen Hochschule mit einer Arbeit über „Die Qualifizierung der politisch-operativen Arbeit des MfS zur Bekämpfung der Doppelagententätigkeit des Verfassungsschutzes der BRD" einen Doktorgrad erlangte. Bis 1989 stieg er zum Stellvertreter des Leiters der HA II auf und verantwortete beispielsweise die Überwachung westlicher Journalisten in der DDR und die „Sicherung der SED-Auslandsbeziehungen zur Deutschen Kommunistischen Partei/Sozialistischen Einheitspartei Westberlin" – den beiden Ablegern der SED im Westen.[514]

Die vom MfS-Spitzenkader Hillenhagen zusammengetragenen Befunde, vor allem aber die Erkenntnis, dass Brigitte Klump die Aktivitäten des Anwaltes nicht gemeldet hatte, führten schnell zu ihrer Verhaftung. Vom 9. Januar 1976 bis zum 18. Juni 1977 inhaftierte das MfS Klump nun zum zweiten Mal in Hohenschönhausen und befasste sich jetzt noch einmal eingehend mit ihrer Beteiligung am Fall Lange-Werner. In einem handschriftlichen Lebenslauf vom

11. Februar 1976 führte sie aus, sie habe „sich aus egoistischen und größenwahnsinnigen Gründen dem Klassenfeind verschrieben", aber später bereitwillig mit dem MfS zusammengearbeitet. Erstmals berichtete sie auch über ihr intimes Verhältnis mit Erich Kistowski. Dieser „bat mich seinerzeit sehr darum, dass unser Verhältnis niemand erfährt, da er sonst große Schwierigkeiten in seiner beruflichen Tätigkeit hätte".[515] Der inzwischen 67-jährige Spitzenkader des MfS war seit 1970 Rentner und hatte 1974 mit dem Vaterländischen Verdienstorden in Gold eine hohe Auszeichnung erhalten. Das Dienstvergehen zog offenbar keine weiteren Untersuchungen nach sich.[516]

Die Stasi drohte Klump eine Freiheitsstrafe von einem Jahr und zehn Monaten an.[517] Um diese abzuwenden, erklärte sie am 10. Juni 1976 erneut ihre Bereitschaft zur Zusammenarbeit mit dem MfS „auf der Basis der Wiedergutmachung".[518] Die nun 1976 und 1977 von ihr in Hohenschönhausen verfassten umfangreichen Berichte enthielten eine Fülle von Hinweisen zur Arbeitsweise und zu zwischenmenschlichen Verbindungen der ihr bekannten Rechtsanwälte und Justizfunktionäre in den Gerichten und Staatsanwaltschaften. Das MfS bereitete diese Informationen mit großem Aufwand auf und ordnete sie akribisch nach Sachverhalten und einzelnen Personen.[519] Der Staatssicherheitsdienst revanchierte sich für ihre Kooperationsbereitschaft mit einem vergleichsweise milden Urteil: In einem Gerichtsverfahren erhielt sie am 2. September 1977 eine dreijährige Haftstrafe auf Bewährung, weil sie es unterlassen hatte, ein gegen die DDR gerichtetes Verbrechen – in diesem Fall „staatsfeindlicher Menschenhandel"[520] im Zusammenhang mit einer Person, die einen Kampf gegen die DDR führt – anzuzeigen.

Nach ihrer Entlassung aus Hohenschönhausen „realisierte" das MfS am 22. Dezember 1977 einen „Werbungsvorschlag".[521] Von nun an arbeitete Brigitte Klump als IM „Kubert" bis 1989 mit dem MfS eng zusammen – nach ihrer Tätigkeit als GI „Helmtraud" und Kontaktperson „Eva" begann ihre dritte Spitzeltätigkeit für die Geheimpolizei der SED.[522]

Das MfS beauftragte sie, Kontakt zu ihrem in der Bundesrepublik Deutschland lebenden ehemaligen Chef herzustellen. Offenbar arglos lud der Anwalt seine frühere Mitarbeiterin mehrfach zu sich nach München ein – natürlich genehmigte das MfS diese Reisen. IM „Kubert“ erhielt auch eine größere Summe DM als „Operativgeld“. Klump gelang es, detaillierte Grundrisse seiner Wohnung anzufertigen, die sie dem MfS zusammen mit Hinweisen über seine Aktivitäten zur Verfügung stellte. Die häufigen Fahrten seiner Frau in den Westen weckten erneut die Eifersucht ihres Ehemannes Eugen. Wieder griff das MfS ein und sorgte dafür, dass er invalidisiert wurde und fortan als Rentner seine Frau begleiten konnte.[523]

Der Staatssicherheitsdienst bewertete seine Zusammenarbeit mit IM „Kubert“ als positiv. Auf der Grundlage ihrer Informationen entstand auch ein Maßnahmenplan zur „Erarbeitung einer gesonderten Information über Aktivitäten zu Rechtsanwalt [Wolfgang] Vogel“, der für die SED-Führung und das MfS den Freikauf politischer Häftlinge durch die Bundesregierung koordinierte.[524]

Die Erpressbarkeit Brigitte Klumps endete erst mit dem Ende der SED-Herrschaft. Der letzte Auftrag führte sie noch im September 1989 erneut in die Bundesrepublik Deutschland. Bei dieser Reise besuchte sie auch das Münchner Oktoberfest. Sie berichtete nach ihrer Rückkehr in die DDR am 30. September 1989 ihrem Führungsoffizier, der von ihr nun schon routiniert bespitzelte Anwalt „trauerte der Zeit nach, wo er Bürger aus der DDR in den Westen verbrachte“. Das letzte Dokument des MfS mit einem Bezug zu Klump datiert auf den 10. Oktober 1989. Wenige Wochen später beendete die Friedliche Revolution die Tätigkeit der Geheimpolizei der SED.[525] Von Brigitte Klump und ihrem Mann Eugen verliert sich jede Spur.

6. Motive
Überzeugung und Charakter der V-Leute

6.1 „Dass er das aus Idealismus für Deutschland tue" Antikommunistischer Widerstand als Hauptmotiv?[526]

Die Frage, welchen Stellenwert die Spionage für den Westen innerhalb des gesamten Spektrums von Opposition und Widerstand in der DDR einnahm, berührt politische, gesellschaftliche und individuell-psychologische Prägungen der Akteurinnen und Akteure: Von welchen politischen Überzeugungen ließen sich die Frauen und Männer leiten, die der Spionage bezichtigt wurden? Wie wurden die NS-Zeit und der Kalte Krieg reflektiert? In welchem Ausmaß beeinflussten NS- oder antikommunistisches Gedankengut, demokratische oder freiheitliche Grundüberzeugungen das im schlimmsten Fall lebensgefährliche Handeln? Nachzuspüren ist auch dem Phänomen, dass für viele V-Leute idealistische Motive eine zentrale Rolle spielten: Sie hatten die Vorstellung, durch ihre Aktionen an der Änderung der gesellschaftlichen Verhältnisse mitzuwirken. Hinzu kommt, dass die beteiligten Personen nach einem Muster handelten, dem mithilfe der Kategorie des „Eigen-Sinns" nachgegangen werden sollte: Blieben diese Menschen in dem konkreten „Herrschaftsarrangement" der SED-Diktatur nur „bei sich" und handelten, ohne eine politische Absicht zu verfolgen?[527] Zu fragen ist schließlich, in welchem Ausmaß persönliche Netzwerke die Akteurinnen und Akteure prägten. Warum gaben Beteiligte die Sicherheit ihrer Familien und ihre beruflichen Perspektiven für die Spionage auf?

Die Oppositionsforschung für die SBZ/DDR profitiert von vielen Erkenntnissen, die zum Widerstand gegen die NS-Herrschaft bereits vorliegen.[528] Als hilfreich erweisen sich Modelle, die durch Abstufungen und Schattierungen die Differenzierung von Verweigerungsmustern und Erscheinungsformen widerständigen Verhaltens ermöglichen. Hervorzuheben sind hier Kategorisierungen, die von punktueller Nonkonformität über Verweigerung und öffentlich erhobenen Protest bis hin zum aktiven Widerstand reichen.[529]

Für die DDR-Forschung kann es zielführend sein, den Widerstandsbegriff mit Blick auf die Spionage auf die politischen Rahmenbedingungen der SED-Diktatur mit ihrem totalitären Herrschaftsanspruch zu beziehen.[530] Auch in der Forschung zur NS-Diktatur wird die Spionage und die Weitergabe kriegswichtiger Informationen an westliche Staaten oder die Sowjetunion mittlerweile als Widerstand gewertet.[531]

Die Herrschaft der SED stand auf tönernen Füßen.[532] Eingebettet in die innerdeutsche politische Auseinandersetzung, zielte widerständiges Handeln in den 1950er-Jahren meist auf den Sturz der SED-Herrschaft und die Wiedervereinigung ab und verstand sich dabei stärker als in den 1980er-Jahren als gesamtdeutsch.[533] Die Rahmenbedingungen für Widerstand und Opposition ergaben sich also aus den Bruchstellen des Systems: Der fehlenden Legitimität der SED-Diktatur und dem damit verbundenen Unrecht, den westlichen Einflüssen und der weitgehend offenen Grenze in Berlin kamen zentrale Bedeutung zu. Die ideologischen Bezugspunkte von Widerstand und Opposition lagen dabei in der Regel im Westen und im Antikommunismus. Von der DDR-Führung unterstellte angebliche Bemühungen, die NS-Herrschaft wieder zu installieren, dienten vor allem der Diskreditierung des widerständigen Verhaltens.[534]

Trotz der sich herausbildenden Überwachungsapparate der SED-Diktatur fanden sich viele Menschen dazu bereit, Informationen in den Westen zu übermitteln.[535] Gerade in den 1950er-Jahren stellte die Spionage ein Massenphänomen dar, wobei freilich das MfS selbst harmlose Aktivitäten als Spionage interpretierte.[536] Ihr Umfang war auch deshalb so beträchtlich, weil große Teile der Bevölkerung den Sozialismus in der DDR ablehnten. Die Politik der Diktaturdurchsetzung veranlasste auch KVP-Angehörige wie Lange-Werner, für den Westen zu spionieren.[537]

Vor allem amerikanische Dienste bestärkten die ostdeutsche Bevölkerung darin, sich an Spionageaktivitäten zu beteiligen. Damit versuchten die USA, die SED-Diktatur zu destabilisieren.[538] Die sowjetische Besatzungsmacht, die SED und ihre Geheimpolizei erkannten schnell, dass Spionage ihre Macht gefährdete. Der Volksaufstand vom 17. Juni 1953 brachte die Herrschaft der SED ins Wanken. Durch die Spionage gelangten Informationen über die Schwächen ihrer Position in der DDR in den Westen, die dort gezielt gegen die SED-Diktatur verwendet werden konnten.[539] Aus Sicht der Stasi richtete sich Spionage „gegen die politischen, ökonomischen und militärischen Bereiche der sozialistischen Gesellschafts- und Staatsordnung“. Sie diente dazu, „die gesellschaftliche Entwicklung in den sozialistischen Ländern zu unterwandern, zu hemmen und zu stören“.[540] Das MfS selbst stellte bei Spionen einen Bezug zu „faschistischen Überzeugungstätern“ her, bezeichnete „Agenten des Westens“ als Verbrecher und sprach ihnen jede positiv konnotierte politische Motivation und ethische Haltung ab.[541]

Die MfS-Offiziere hatten dieses Denkmuster verinnerlicht. Daher zeigten sie sich unfähig, sich unter Opposition und Widerstand gegen das SED-Regime, dem sie dienten, etwas anderes vorzustellen als eine vom Westen gesteuerte Unterwanderung. Das lag auch an den Verhörmethoden. Gut lassen sich im Fall Lange-Werner aus den schriftlichen Hinterlassenschaften des MfS zahlreiche Querverbindungen und die organisatorische Abwicklung der Spionage nachverfolgen. Natürlich wollte die Stasi den persönlichen Mut der Spione nicht herausstellen. Dennoch fördert eine genaue Analyse der Vernehmungsprotokolle und der Gerichtsakten zutage, welche Motive nicht nur Christian Lange-Werner, sondern auch viele seiner Mitangeklagten antrieben.

Die antikommunistischen Haltung, die dem Widerstand gegen die SED-Diktatur zugrunde lag, gehörte zu den Hauptmotiven für die Spionage Lange-Werners. Der VP-Offizier betonte oft, er habe „in der DDR keine Freiheit“ erlebt. Er fühlte sich dem westlichen Teil Deutschlands eng verbunden. Als sich durch Raupach die Möglichkeit bot, arbeitete er auch mit dem Mitarbeiter der Organisation Gehlen „Fricke“ zusammen.[542]

Einer seiner Söhne berichtet aus der Familienüberlieferung, sein Vater sei überzeugt davon gewesen, „etwas bewegen zu können“. Er habe auf dem Fundament seines westlichen Werteverständnisses gehandelt. Davon seien auch die Mitarbeiter amerikanischer Nachrichtendienste ausgegangen, die die Familie nach der Hinrichtung des Vaters unterstützten und Entschädigungszahlungen leisteten. Ein Sohn Lange-Werners lebte später in den USA und verstarb dort.[543] Auch andere DDR-Bürger, die – wie Eberhard Fätkenheuer in den 1970er-Jahren – für US-Geheimdienste gearbeitet hatten, erzählen davon, dass die Amerikaner sie nicht im Stich gelassen hätten.[544]

Eine antikommunistische Grundhaltung zeichnete in besonderer Weise auch Eva Meier* aus. Ihr Vernehmer hielt fest, sie habe Lange-Werner in Bad Düben mit den Worten angesprochen, „dass doch Deutschland wieder so ‚groß und einig' werden sollte, wie es vor dem Zweiten Weltkrieg war". Dabei sei es ihr um „die abgetrennten Ostgebiete" gegangen.[545] Gemeint waren hier die Territorien östlich von Oder und Neiße, die Deutschland im Ergebnis der Niederlage im Zweiten Weltkrieg verloren hatte.[546] Sie habe Lange-Werner gegenüber geäußert, es gebe noch „deutsche Menschen", die für dieses „hohe Ziel" arbeiten würden. Dabei bezog sie sich auf Willi Raupach, der ihr gesagt habe, „dass er das aus Idealismus für Deutschland tue. Er sagte mir, dass Deutschland in einem Jahr eins sein werde und dafür müsse man mit dazu beitragen".[547]

Der Staatssicherheitsdienst wusste von Brigitte Klump, dass Eva Meier* vom Westen „hart geschult worden" sei und sich „für den Tod ihres Mannes, welcher 1945 von der Roten Armee standrechtlich erschossen wurde, zu rächen" versucht habe. Sie selbst erklärte laut Protokoll gegenüber dem MfS: „Trotzdem vertrete ich nach wie vor die Ansicht, dass mein Mann ungerecht erschossen wurde."[548]

Auch materielle Interessen oder Geldnot trieben Menschen an, für westliche Nachrichtendienste zu spionieren. Zu berücksichtigen ist dabei, dass viele in den Westen fliehen und sich dort eine neue Existenz aufbauen wollten. Sie betrachteten die finanziellen Zuwendungen der Agentenführer als Startkapital für ihr neues Leben in der freien Welt. Festzuhalten ist, dass die Annahme von Geld nicht die moralische Integrität eines Agenten herabsetzt, auch wenn das MfS versuchte, die V-Leute westlicher Nachrichtendienste als geldgierig zu diskreditieren, um damit von deren politischer Motivation abzulenken.[549]

Die Überwachungsmaßnahmen der Stasi gegen Lange-Werner in Sachsen und Berlin, die Vernehmungsprotokolle, die Berichte der

Zellenspitzel und das Gerichtsprotokoll zeichnen ein uneinheitliches Bild, in welchem Ausmaß sich Lange-Werner und seine Mitangeklagten bei ihrem Handeln auch von finanziellen Zuwendungen leiten ließen. Lange-Werner verfügte in Kamenz über größere Bargeldbeträge, die Brigitte Klump ihm im Auftrag des amerikanischen Nachrichtendienstes überbracht hatte. Dagegen verneinte Baum* die Frage eines für die Stasi arbeitenden Mitgefangenen, ob er Geld erhalten habe.[550] Vielmehr erhoffte er sich von Lange-Werner Medikamente für seine kranke Frau, die ihm der VP-Offizier „besorgen" wollte.[551]

Bei Raupach spielte der Verdienstanreiz aus Sicht der Geheimpolizei eine große Rolle. Er hatte eine größere Summe Geld bekommen – laut Staatssicherheitsdienst 2000,– DM. Ein Vernehmer protokollierte, Raupach habe gesagt, es sei leicht, Geld zu erhalten. Er würde jede Möglichkeit zum Geldverdienen nutzen.[552] In der Zelle äußerte Raupach, er habe die „ganze Gefahr seines Tuns" erkannt: Der westdeutsche Geheimdienst habe ihn allerdings betrogen, vor allem dadurch, „dass man ihm so wenig Geld gegeben hat".[553]

Zu den politischen Motiven, die Lange-Werner antrieben, ist sein Versuch zu zählen, für sich und seine Familie das Startkapital für ein Leben im Westen zu erwerben. In einem Vernehmungsprotokoll hielt der Staatssicherheitsdienst fest, Lange-Werner sei von den Amerikanern unter Druck gesetzt und erpresst worden.[554] Dies passt jedoch nicht zu dem Jobangebot, dass ihm die Amerikaner unterbreiteten.

Die Quellen erlauben keinen vollständigen Einblick in die Beweggründe der Akteurinnen und Akteure. Aber wie wir heute wissen, spielten in vielen Fällen Abenteuerlust, ideologische Verführbarkeit sowie Erpressbarkeit aufgrund persönlicher Umstände, Gefühle oder Schwächen eine nicht zu unterschätzende Rolle. Hinzu kam der Nervenkitzel, ein Doppelleben zu führen und etwas zu wissen, das anderen verborgen blieb. Zu berücksichtigen ist auch die Dynamik der Situation, in der sich sicherlich die wenigsten Beteiligten über die möglichen Konsequenzen im Klaren waren. Oft verwickelten sie sich aus Unbedarftheit immer tiefer in Maschen der Spionagetätigkeit – und westliche Geheimdienste ließen sich dieses Potenzial nicht entgehen.[555]

6.2 „Einige Bekanntschaften in der DDR zu machen" Verhältnisse als Alibi[556]

Es gehörte zum Repertoire westlicher Nachrichtendienstmitarbeiter, ihren V-Leuten zu raten, sich für die Kurierfahrten in die DDR vermeintlich unverfängliche Vorwände zu schaffen. „Berger" instruierte Raupach, wie das MfS in den Vernehmungsprotokollen festhielt, „einige [Frauen-]Bekanntschaften in der DDR zu machen, um bei einer eventuellen Festnahme deren Adressen als Reiseziel anzugeben". In den Verhören fragte der Staatssicherheitsdienst diese „Frauenbekanntschaften" Raupachs – aus einer soll sogar ein Kind hervorgegangen sein – gezielt ab.[557]

Sehr viel nebulöser erscheint die Beziehung zwischen Lange-Werner und seiner „Kur-Bekanntschaft" Brigitte Klump, über die es die unterschiedlichsten Aussagen gibt. Der Staatssicherheitsdienst unterstellte ihm, mit Klump ein „intimes Verhältnis" eingegangen zu sein. Allerdings erweist sich die vom MfS geschaffene Quellenlage als sehr widersprüchlich: Nachdem Lange-Werner nach seiner Kur in Bad Düben Urlaub für eine Fahrt nach Berlin beantragt hatte, sagte er dem GI „Blume", er wolle sich mit seiner „Freundin" treffen.[558] Es ist sehr wahrscheinlich, dass er auf Anraten seiner westlichen Auftraggeber die Bekanntschaft zu Klump als „Liebesverhältnis" tarnte. Nichts deutet darauf hin, dass es tatsächlich mehr war als eine Zusammenarbeit zwischen zwei Spionen: Lange-Werner hätte Ende Juli 1953 wohl kaum seine „Liebschaft" und seine Ehefrau zusammen nach Kamenz bestellt.

Auch bei seiner ersten Vernehmung am 30. Juli 1953 hielt sich Lange-Werner an dieses Narrativ: „Ich habe die Westsektoren von Berlin aufgesucht, um mit einer Frau zusammen zu sein. Die Frau ist verheiratet und liegt mit ihrem Mann in Scheidung. Sie hat die Möglichkeit, bis die Scheidung entschieden ist, bei ihrer Freundin in West-Berlin zu wohnen." Ob er allerdings tatsächlich ausgesagt hat „ich hatte ein intimes Verhältnis mit Frau Klump", wie im Protokoll vermerkt, ist unwahrscheinlich.[559]

Der Staatssicherheitsdienst vermochte es bis in die 1970er-Jahre hinein nicht, die Motive Brigitte Klumps für die Übernahme der Kurierdienste vollständig „aufzuklären".[560] Klump selbst äußerte sich während ihrer Vernehmungen 1976 in Hohenschönhausen ausführlich zu den Geschehnissen im Jahr 1953. Ihren Aussagen zufolge wies sie damals den Wunsch Lange-Werners, einen Brief nach West-Berlin zu bringen, zurück, „so dass er sich gezwungen sah, sein Ziel durch intime Beziehungen zu erreichen".[561] Sie willigte schließlich ein. Dabei sei sie „der irrigen Annahme" verfallen, „dass gegenseitige Zuneigung und Liebe bestand". Klump berichtete weiter:

> „Zwischen uns entwickelte sich ein Liebesverhältnis, das meinerseits durch Zuneigung und Vertrauen gekennzeichnet war. Ich glaubte, in Lange-Werner den Menschen gefunden zu haben, dem ich meine Probleme offen darlegen konnte und der dafür Verständnis haben würde."[562]

Es ist zu vermuten, dass es sich bei dieser Aussage um eine – wie auch im Falle Raupach – von den westlichen Diensten vorgegebene Absprache Lange-Werners mit Klump handelt, wie sich beide bei einer Verhaftung äußern sollten.

Auch aufgrund der Aussage Klumps aus dem Jahr 1976 – „bei meinem Geständnis 1953 gegenüber den Sicherheitsorganen der DDR wurde mir von meinem Vernehmer angeraten, das intime Verhältnis [...] nicht schriftlich niederzulegen. Es wurde dann auch so gehandhabt"[563] – ist es unwahrscheinlich, dass Lange-Werner seine Ehefrau tatsächlich betrogen hat. Vielmehr versuchte er, einen Teil seiner Spionageaktivitäten als „Verhältnis" zu tarnen. Auch vor Gericht in Cottbus sprach er sehr vage von einer Liebesbeziehung:

> „Ich habe mich noch nicht nach Westberlin abgesetzt, nicht aus dem Grunde, weil ich ein intimes Verhältnis zu Frau Klump hätte, oder weil ich noch mehr Geld verdienen wollte, sondern der Zeitpunkt einer solchen Absetzung wird von anderen Dingen beeinflusst, aber nicht von dem Verhältnis zu einer anderen Frau. Das Geschäft musste erst ordnungsgemäß übergeben werden, dann musste sich meine Familie mit absetzen."[564]

Ihm ging es – neben seiner politischen Motivation – auch um die Zukunft seiner Familie, während das Vorgehen der Stasi darauf abzielte, seine moralische Integrität zu diskreditieren. Die Unterstellung „sexuelles Motiv" erfüllte mehrere Funktionen. Für die Frau diente es als Entlastungsmoment und knüpfte an das Stereotyp eines willensschwachen Wesens an, das sich zu Fehltritten überreden ließ. Im Fall Lange-Werners komplettierte es das Bild eines haltlosen, moralisch verkommenen Verbrechers. Und für den Staatssicherheitsdienst war ein vermeintlich sexuelles Verhältnis nützlich, um die Spionage für den Klassenfeind zu entpolitisieren.

6.3 „Die Frauen haben weiterhin die Aufgabe, den Männern die häuslichen Sorgen abzunehmen"

Geschlechterrollen aus Sicht des MfS[565]

In der DDR war die formale Gleichberechtigung von Frauen und Männern zwar schon früh in der Verfassung und zahlreichen Gesetzen verankert. Doch Anspruch und Wirklichkeit klafften weit auseinander. Die Umsetzung der Vorgaben scheiterte an der politischen Realität und den männlich dominierten Machtstrukturen. Auch die SED-Führung nahm Frauen als eigenständige Individuen nicht wirklich ernst – was sicher auch daran lag, dass sie in ihnen vor allem Arbeitskräfte sah, die es für den Aufbau des Sozialismus zu mobilisieren galt.[566]

Frauen blieben in Führungspositionen, auch innerhalb der SED selbst, unterrepräsentiert. Nur sehr wenigen gelang es, die in der SED vorherrschende paternalistische Haltung zu durchbrechen und in Spitzenpositionen vorzurücken.[567] Beispiele finden sich etwa im Justizwesen: Hier gelangte nicht nur die berüchtigte Ministerin Hilde Benjamin an eine Schaltstelle der Macht. Auch Justizfunktionärinnen wie Lucie von Ehrenwall, Helene Kleine und Irmgard Eisermann setzten aktiv die Interessen der SED in Staatsanwaltschaften und Gerichten durch.[568]

Während die Position der Frau in der Gesellschaft der DDR gut erforscht ist, wissen wir nur wenig darüber, wie viele Frauen aus politischen Gründen in der SED-Diktatur inhaftiert wurden. Schätzungen gehen von circa 35 000 weiblichen politischen Häftlingen aus.[569] In der zentralen MfS-Untersuchungshaftanstalt in Berlin-Hohenschönhausen stellten Frauen etwa 20 Prozent der insgesamt circa 11 000 Gefangenen.[570]

Dem Staatssicherheitsdienst fiel es schwer, sich von dem in seinen Reihen dominierenden patriarchalen Geschlechterbild und traditionellen Rollenverständnis zu lösen, wenn er die Stellung von Frauen in den Spionagefällen herausarbeiten musste.[571] Die MfS-Führungsetage erwartete, dass sich die eigenen Mitarbeiterinnen als „Erfüllungsgehilfinnen" ihrer Ehepartner und Kollegen in die vorhandenen Machtstrukturen einfügten: „Als tschekistische Reservearmee wurden die Frauen prinzipiell ausgeblendet."[572]

Dieses Weltbild verstellte oft den Blick auf die Realität. Tatsächlich hatten Frauen in der Spionage während des Kalten Krieges eine große Bedeutung, wie exemplarisch der Fall „Antenne" zeigt: In den 1980er-Jahren hatte eine DDR-Bürgerin im Auftrag eines US-Geheimdienstes in Dresden die sowjetischen Streitkräfte ausspioniert.[573] Auch die Frauen, die der Staatssicherheitsdienst zusammen mit Lange-Werner inhaftierte, übten einen beträchtlichen Einfluss aus und leisteten einen eigenständigen Beitrag zur Spionage ihrer männlichen Partner.

Brigitte Klump führte für Lange-Werner ohne jegliche vorbereitende Ausbildung mehrere anspruchsvolle Kurierdienste durch. Später leistete sie dann jahrzehntelang mit großem Einsatz wichtige Spitzeldienste für das MfS – eine seltene „Karriere" für eine Frau in der DDR.

Der Staatssicherheitsdienst erkannte, wahrscheinlich aufgrund seines Frauenbildes, bei den Ehefrauen von Demann und Baum* keine nachrichtendienstliche Tätigkeit, obwohl sie ihre Gatten über einen längeren Zeitraum hinweg aktiv unterstützt hatten. Lange-Werner konnte dabei offenbar in ganz besonderer Weise auf eine der Frauen bauen, „die ihn wegen seines höflichen, weltmännischen Auftretens hoch geschätzt hatte".[574]

Von Lotte Lange-Werner zeichnete der Staatssicherheitsdienst das Bild einer schwachen Frau, die gänzlich unter dem Einfluss ihres Mannes gestanden habe. Auch ihr Anwalt führte in seiner Berufung an, sie „unterlag der suggestiven Kraft und überlegeneren Intelligenz, die von seiner Person ausging".[575] Dabei wusste Lotte Lange-Werner von Wielands und Raupachs Tätigkeit, übernahm selbst Kurierfahrten und beteiligte sich aktiv an den Fluchtvorbereitungen ihrer Familie, indem sie Wäsche und andere Gegenstände in den Westen transportierte.[576]

Und auch bei Eva Meier* fällt auf, dass Staatssicherheitsdienst, Staatsanwaltschaft und das Bezirksgericht Cottbus ihre eigenständige Tätigkeit als Spionin unterschätzten: Anfang 1953 nahm sie an einer Zusammenkunft mit den Auftraggebern Raupachs teil. Sie sollte im Falle seiner Verhaftung auch „den Westen" verständigen.[577] In Bad Düben forderte sie nicht nur Brigitte Klump zur Zusammenarbeit mit Lange-Werner auf. Vielmehr ging sie selbst auf den VP-Offizier zu und teilte ihm offen mit, sie würde für einen deutschen Geheimdienst gegen die DDR arbeiten. Lange-Werner erkannte ihre „feindlich-negative Einstellung" gegen die DDR und wollte sie für den amerikanischen Geheimdienst werben. Ihr gelang es jedoch stattdessen, Lange-Werner zu überzeugen, ebenfalls in den Dienst der Organisation Gehlen zu treten. Dazu bestellte sie Raupach nach Bad Düben, damit dieser mit Lange-Werner das weitere Vorgehen verabreden konnte. Zudem bestärkte sie Lange-Werner darin, seine Spionagetätigkeit in der DDR fortzusetzen.[578]

Schon eher entsprach es dem in den Repressionsorganen der SED-Diktatur vorherrschenden Frauenbild, als Raupach in der Gerichtsverhandlung in Cottbus ausführte:

> „Bei der Anwerbung des Agenten Lange-Werner leistete mir die Meier* aktive Unterstützung. In meinem Auftrag beschäftigte sie sich mit ihm und sprach über meine und dessen Spionagetätigkeit. Durch die geführte Aussprache mit Lange-Werner bereitete die Meier* diesen zur Anwerbung vor."[579]

Erst das Oberste Gericht der DDR – hier wirkten selbst Frauen als Richterinnen an der Repression mit – stellte die wichtige Rolle Eva Meiers* heraus:

> „Es steht jedoch fest, dass sie insbesondere die Angeklagten Lange-Werner und Raupach zusammengebracht und dadurch zur Koordinierung der Spionagetätigkeit beider beigetragen hat. In der Hauptverhandlung hat sie erklärt, dass sie Lange-Werner mit dem Hinweis, ‚Wir brauchen auch Leute hier, die für uns arbeiten' von einer Flucht nach Westberlin abgeraten habe. Bereits aus diesem Umstand ergibt sich, dass sie […] sich ganz bewusst auf die

Seite der Kriegstreiber gestellt hat und selbständig, ohne einem Einfluss des Angeklagten Raupach unterlegen zu sein, ihre Agententätigkeit ausübte."[580]

Für alle V-Leute bedeutete eine Zusammenarbeit mit westlichen Nachrichtendiensten, dass sie ihr Leben als Täuschung organisieren und aufrechterhalten mussten. Es gehörte großer Mut dazu, die Herrschenden in der DDR herauszufordern. Wer für den Westen arbeitete, ging ein hohes persönliches Risiko ein.[581]

Schlussbetrachtung

Forschungsansätze, die argumentieren, dass für das erste Jahrzehnt der DDR „Verfolgungsaspekte zu stark im Vordergrund“[582] stünden, verkennen nicht nur das große Ausmaß des Widerstandes allgemein, sondern auch die Ressourcen, die die Sicherheitsapparate der SED für die Abwehr speziell von Spionage mobilisierten. Der Staatssicherheitsdienst zählte die konspirative Tätigkeit der „Gruppe Lange-Werner“ zu den „bedeutendsten Spionagevorgängen“.[583] Das Beispiel bietet zahlreiche Ansätze, unser Verständnis von Ermittlungsarbeit, der DDR-Justiz oder auch der verhältnismäßig neuen Gender-Perspektive für die Spionageforschung zu erweitern.

Der Fall der „Gruppe Lange-Werner“ unterstreicht aber auch, wie wichtig die Spionage für das Agieren der USA und ihrer Verbündeten im Kalten Krieg war, als diese ihren Einflussbereich gegen die aggressive Politik der Sowjetunion während der Zeit des Korea-Krieges sichern wollten. Dazu gehörten offensive Maßnahmen, mit denen insbesondere die USA Anfang der 1950er-Jahre die Errichtung einer sozialistischen Gesellschaftsordnung in der DDR bekämpften. Dabei stützten sich die Amerikaner auf viele durch Spionage gewonnene Informationen, sodass ihre Nachrichtendienste den Aufbau der SED-Diktatur zielgerichtet behindern konnten.[584]

Die Reaktion des Staatssicherheitsdienstes auf die weitverbreitete und vielschichtige Spionage in den 1950er-Jahren offenbart, dass den Herrschenden in der DDR sehr wohl bewusst war, welche Gefahr ihnen durch den „Verrat“ der im Untergrund tätigen Agenten drohte. Bereits vor den Massenverhaftungen der Aktionen „Feuerwerk“, „Pfeil“ und „Blitz“ in den Jahren 1953 und 1954 nahm die SED-Führung Spionage als Widerstand und Gefährdung ihrer Macht wahr. Die sowjetische Besatzungsmacht befähigte und ertüchtigte den Staatssicherheitsdienst, politische Gegner, darunter eben auch

Spione, auszuschalten. Diesem Ziel dienten die umfassenden und gründlichen Ermittlungen in den beiden Vorgängen „Förster" und „Gesindel" sowie die lang andauernden Vernehmungen aller Beteiligten der „Gruppe Lange-Werner" im Untersuchungsgefängnis Hohenschönhausen. Weiterführende Studien über die Arbeitsweise der MfS-Spionageabwehr auch für die Jahrzehnte nach dem Mauerbau bis zur Friedlichen Revolution wären ein wichtiger Beitrag zur umfassenden Einordnung dieses Repressionsinstrumentes.

Viele der gegen die „Gruppe Lange-Werner" eingesetzten Stasiangehörigen dienten dem MfS bis in die Endphase der DDR. Diese Offiziere waren skrupellos, unterzogen sich „Qualifizierungsmaßnahmen" und lernten sich flexibel an Vorgaben anzupassen. Künftige Forschungen sollten untersuchen, wie sich Handlungsspielräume von MfS-Angehörigen im Rahmen der geheimpolizeilichen Strukturen nach der Aufbauphase der Stasi von den 1950er- bis in die 1980er-Jahre hinein veränderten. Das sind interessante Perspektiven für eine Organisationssoziologie des MfS – auch im Vergleich zu den Repressionsapparaten der nationalsozialistischen Diktatur.[585]

Die sowjetische Besatzungsmacht und die SED-Führung nutzten den Schauprozess im Fall Lange-Werner sowie weitere öffentliche Gerichtsverhandlungen, um gezielt politische Gegner zu diffamieren. Todesurteile und hohe Haftstrafen zielten auf Abschreckung. Die Bevölkerung sollte darüber informiert werden, wie die SED gegen Oppositionelle vorging, die sich ihrem Kurs widersetzten.[586] Fragen, wie sich diese Justizpraxis auf das Verhalten der Menschen in der DDR auswirkte und welchen Anteil die Justiz damit an der Durchsetzung der SED-Diktatur hatte, gehören zu weiteren Forschungsdesideraten. In welchem Ausmaß es die SED-Führung vermochte, durch ihr hartes Vorgehen Menschen davon abzuhalten, für westliche Dienste zu arbeiten, ist noch genauer zu bestimmen. Nicht zuletzt zielte die SED mit ihrer Propaganda und den Schauprozessen auch darauf ab, die Integration der Bundesrepublik Deutschland in die westliche Sicherheitsarchitektur zu untergraben.[587]

Die beiden deutschen Staaten bildeten an der „Schnittstelle von Ost und West" auch eine „Kommunikationsgemeinschaft". Für viele Menschen in der DDR – so auch für die Beteiligten im Fall Lange-Werner – bildete die freiheitlich-demokratische Ordnung des

Westens den eigenen „Bewertungsmaßstab".[588] Das Beispiel Lange-Werner verdeutlicht, dass der aus antikommunistisch ausgerichteten Motivlagen heraus betriebenen Spionage ein großer Stellenwert zukommt. Heute sind die Ziele der Spione und anderer Gegner der SED-Herrschaft teilweise ins Zwielicht geraten. Sofern ihre Motive die Überwindung der Diktatur dienten, sollten sie nicht in Misskredit gezogen werden.[589]

Auch oberflächliche Analogien zwischen westlichen und östlichen Nachrichtendiensten sowie vermeintlich vergleichende Perspektiven – „jeder Staat verfolgt Spionage" – führen nicht weiter. Eine „verflochtene Parallelgeschichte" muss die „ethisch-moralischen Unterschiede" berücksichtigen: je nachdem, „ob ein Geheimdienst für eine freiheitlich-demokratische Ordnung und unter parlamentarischer Kontrolle tätig ist" oder eine Diktatur stützt.[590] Diese Grundsätze kennzeichnen die bundesdeutsche Rehabilitierungsgesetzgebung, die „rechtsstaatliches und unrechtsstaatliches Verfolgungshandeln nicht gleichsetzt und relativiert". Bei den von DDR-Gerichten verurteilten V-Leuten westlicher Nachrichtendienste kann, so ein Gesetzeskommentar, „kein Zweifel daran bestehen, dass die Vermutung politischer Verfolgung auch in diesen Fällen" vorliegt.[591]

Nicht zuletzt sollten die Aktivitäten von Frauen umfassend aufgearbeitet werden.[592] Die Untersuchung der Handlungen der Frauen der „Gruppe Lange-Werner" verdeutlicht das große Potenzial, das mit neuen Fragestellungen erweitert werden kann. Diese Frauen beschränkten sich nicht nur darauf, ihre eigenen oder auch andere Männer zu unterstützen. In viel größerem Ausmaß, als bisher bekannt, agierten Frauen eigenständig und aktiv für westliche Auftraggeber. Eine umfassende Untersuchung dieser „weiblichen Seite" der Spionageaktivitäten steht noch aus – sie würde ertragreiche Perspektiven auf die Geschichte von Widerstand und Repression in der SED-Diktatur eröffnen.[593]

Anmerkungen

1 Bei der Kasernierten Volkspolizei handelt es sich um die militärische Vorläuferorganisation der Nationalen Volksarmee der DDR.
2 Nach dem Volksaufstand vom 17. 6. 1953 firmierte die Geheimpolizei der SED in der DDR vom 23. 7. 1953 bis 24. 11. 1955 als Staatssekretariat für Staatssicherheit (SfS) und danach wieder als Ministerium für Staatssicherheit (MfS). Für die bessere Lesbarkeit wird durchgängig die Bezeichnung MfS verwendet.
3 Vgl. Schmeitzner, Stalingrad, S. 9–23; ders., Weg, S. 62–67; ders., Partei, S. 9–22, 531–540.
4 Vgl. Schwartz, Transformationsgesellschaft, S. 359.
5 Vgl. Baberowski, Diktatur, S. 160–168.
6 Vgl. Weber, Gesellschaft, S. 313–316.
7 Vgl. Wolf, HA I, S. 61.
8 Vgl. Zolling, Pullach intern, S. 146.
9 Vgl. Behling, Klassenkampf, S. 81–84.
10 Vgl. Fricke, Geschichte, S. 592; Irmen, Stasi, S. 260; Wenzke, Staatsfeinde, S. 88; Diedrich, Armee, S. 514; Niemetz, Erbe, S. 144; Evans, Rituale, S. 995.
11 Vgl. Heidenreich, Geheimdienstkrieg, S. 141; Heidenreich, DDR-Spionage, S. 301.
12 Vgl. Fricke, „Konzentrierte Schläge", S. 42–60.
13 Vgl. Heidenreich, Geheimdienstkrieg, S. 399.
14 Vgl. Heidenreich, DDR-Spionage, S. 302–306.
15 Vgl. Maddrell, Fadenkreuz, S. 141–171; Fricke, Dimensionen, S. 36.
16 Vgl. Andrew, Secret World, S. 669–700; Jaeger, Akteure, S. 346; Stadelmann-Wenz, Verhalten, S. 212; Ostermann, Containment, S. 196–273.
17 Vgl. www.landschaften-verfolgung.de.
18 Zur Bedeutung von Fallstudien vgl. Naimark, Stalin, S. 22–24.
19 Vgl. Bergien, Geschichte, S. 22–24; Gieseke, Staatssicherheit, S. 8–20.
20 Vgl. Hürter/Wentker (Hrsg.), Diktaturen, S. 20–29; John, Besatzungsgeschichte, S. 287.
21 Vgl. Engelmann, HA IX, S. 37–66.
22 Vgl. Gieseke, Mitarbeiter, S. 83–222; Krähnke, Dienst, S. 161–264.
23 Vgl. Gieseke, Intelligence History, S. 83–103.
24 Vgl. Gieseke, Staatssicherheit, S. 8–20; Etzemüller, Biografien, S. 62–72.
25 Vgl. Morawe, Untersuchungshaft, S. 207; Stude, Stasi-Hafterfahrungen, S. 6.

26 Lindenberger, Volkspolizei, S. 33.
27 BArch, MfS, BV Neubrandenburg AOP 44/53, Bd. 4, Bl. 55–59 (hier Bl. 57), Vernehmungsprotokoll, 11. 3. 1953 (Zitat verkürzt).
28 Vgl. Gieseke, Stasi, S. 89–90, 172, 535; Pucci, Security, S. 263–278.
29 Vgl. Wagner, BND, S. 16; Kowalczuk, Stasi konkret, S. 32, 88, 126, 127; Engelmann, Maßnahmen, S. 77–89; Uhl, Agentenjäger, S. 73–81; Foitzik, Geheimdienste, S. 13–66; Petrow, Geheimdienstmitarbeiter, S. 35–152.
30 BArch, MfS, HA I 95, Chronik, Bl. 57.
31 Ebd., Bl. 58; vgl. Engelmann, Diener, S. 53; Kondraschew, Stärken, S. 145–153.
32 Engelmann, Juni-Trauma, S. 240; vgl. Müller-Enbergs, Zaisser, S. 154.
33 Vgl. Eenboom, MfS, S. 678; Wiedmann, Diensteinheiten, S. 42–43, 254–263; Engelmann, DDR, S. 12.
34 BArch, MfS, BV Neubrandenburg AOP 44/53, Bd. 1, Bl. 21–22, GI „Rose“: Bericht, 20. 8. 1952.
35 Vgl. die Vorgänge zu Bruhn in: BArch, MfS, KS 317/60. GH 41/55, Bd. 1, 2, 3, 5. BV Schwerin, AGI 290/57 PA.
36 Kießling, Partner, S. 276–338.
37 BArch, MfS, BV Neubrandenburg AOP 44/53, Bd. 1, Bl. 23 und Bl. 40–41, Plan der operativen Maßnahmen, undatiert, und Zwischenbericht zum Arbeitsvorgang, 1. 9. 1952.
38 BArch, MfS, BV Neubrandenburg AOP 44/53, Bd. 1, Bl. 45, Ermittlungsbericht, 7. 9. 1952.
39 BArch, MfS, BV Neubrandenburg AOP 44/53, Bd. 1, Bl. 49–51, Bericht, 13. 9. 1952.
40 BArch, MfS, BV Neubrandenburg AOP 44/53, Bd. 1, Bl. 53, Aktennotiz, 16. 9. 1952.
41 BArch, MfS, BV Neubrandenburg AOP 44/53, Bd. 1, Bl. 54–55, GI „Maria“: Bericht, 16. 9. 1952.
42 BArch, MfS, BV Neubrandenburg AOP 44/53, Bd. 1, Bl. 86–94 (hier Bl. 92), Zwischenbericht undatiert.
43 Ebd.
44 BArch, MfS, BV Neubrandenburg AOP 44/53, Bd. 1, Bl. 9, Anlage Gruppenvorgang „Förster“, 8. 11. 1952.
45 BArch, MfS, BV Neubrandenburg AOP 44/53, Bd. 1, Bl. 78–81, Aufgaben für GI „Maria“, 10. 10. 1952; Bl. 125–128, Auftrag an GI „Maria“, 26. 12. 1952.
46 BArch, MfS, BV Neubrandenburg AOP 44/53, Bd. 1, Bl. 132–133, Treffbericht GI „Maria“, 30. 12. 1952.
47 BArch, MfS, BV Neubrandenburg AOP 44/53, Bd. 1, Bl. 86–94, Zwischenbericht undatiert; Bl. 101, GI „Maria“: Bericht, 12. 11. 1952.
48 Vgl. Alexander, Korea, S. 291, 448; Dildy, F-86 Sabre vs. MiG 15, S. 8–74; Abbildung MiG 15, in: Pahl, Achtung Spione!, S. 393; Heidenreich, DDR-Spionage, S. 176, 185.
49 BArch, MfS, BV Neubrandenburg AOP 44/53, Bd. 1, Bl. 129–131 (hier Bl. 130), Treffbericht GI „Maria“, 29. 12. 1952.
50 BArch, MfS, BV Neubrandenburg AOP 44/53, Bd. 1, Bl. 100, GI „Maria“: Bericht, 3. 11. 1952; Bd. 4, Bl. 55–59, Vernehmungsprotokoll, 11. 3. 1953.

51 BArch, MfS, BV Neubrandenburg AOP 44/53, Bd. 1, Bl. 74–76, GI „Maria“: Bericht, 5. 10. 1952.
52 BArch, MfS, BV Neubrandenburg AOP 44/53, Bd. 1, Bl. 82–85, GI „Maria“: Bericht, 13. 10. 1952.
53 BArch, MfS, BV Neubrandenburg AOP 44/53, Bd. 1, Bl. 129–131, GI „Maria“: Treffbericht, 29. 12. 1952; vgl. Müller, Wellenkrieg, S. 122; Heidenreich, DDR-Spionage, S. 188.
54 BArch, MfS, BV Neubrandenburg AOP 44/53, Bd. 1, Bl. 141–142, Kommandeur Horn: Bericht, 10. 1. 1953; Bl. 147–148, Kommandeur Horn: Bericht, 17. 1. 1953; Bl. 156–157, Kommandeur Horn: Bericht, 22. 1. 1953.
55 Vgl. Kowalczuk, Stasi konkret, S. 71, 83.
56 BArch, MfS, BV Neubrandenburg AOP 44/53, Bd. 2, Bl. 243, Verhaftungsbericht VP Amt III/9 Nord, 31. 1. 1953; Bl. 247–248, VP-Vernehmungsprotokoll, undatiert; Bl. 252–254, Vernehmungsprotokoll, 1. 2. 1953; MfS-AS 118/79, 829/53, Bl. 1–7, Haftunterlagen.
57 BArch, MfS, BV Neubrandenburg AOP 44/53, Bd. 2, Bl. 85, Abteilung II: Abschlussbericht, 30. 12. 1953.
58 BArch, MfS, BV Neubrandenburg AOP 44/53, Bd. 2, Bl. 7, Leiter Abteilung IV Neustrelitz an BV Neubrandenburg, 30. 3. 1953; Bl. 68–69, Sachstandsbericht, 10. 6. 1953; Bl. 288, Abteilung IX/1 Berlin an Abteilung IV BV Neubrandenburg, 13. 3. 1953; Bd. 1, Bl. 172–176, Zwischenbericht Vorgang „Förster“, 11. 3. 1953.
59 BArch, MfS, BV Neubrandenburg AOP 44/53, Bd. 4, Bl. 55–59, Vernehmungsprotokoll, 11. 3. 1953.
60 BArch, MfS, BV Neubrandenburg AOP 44/53, Bd. 1, Bl. 186, Blitzfernschreiben BV Neubrandenburg an Abteilung IV Berlin, 13. 3. 1953.
61 BArch, MfS, BV Neubrandenburg AOP 44/53, Bd. 2, Bl. 109, Unterabteilung IV BV Neubrandenburg an Abteilung IV Berlin, 18. 3. 1953.
62 BArch, MfS, AOP 12/54, Bl. 162, Vermerk Lange, undatiert.
63 BArch, MfS, HA I 79, Chronik, Bl. 56; vgl. Labrenz-Weiß, HA II, S. 33; Wolf, HA I, S. 59; Kowalczuk, Stasi konkret, S. 74; Gieseke, Stasi, S. 153; Erler, MGB, S. 49.
64 BArch, MfS, Sekr. d. Min. 1920, Bl. 21–41 (hier Bl. 33), Protokoll Dienstversammlung HA I, 3. 12. 1954; vgl. Niemetz, Erbe, S. 140–162.
65 Vgl. Diedrich, Armee, S. 134–151; Heidenreich, DDR-Spionage, S. 212; Kersten, Garnisonen, S. 237–238.
66 BArch, MfS, AOP 12/54, Bl. 16, Vermerk, undatiert.
67 BArch, MfS, AU 60/54, Bd. 8, Bl. 55–74, Anklageschrift, 22. 10. 1953; Bd. 1, Bl. 300–306, Vernehmungsprotokoll Lange-Werner, 14. 8. 1953; Bd. 1, Bl. 307–313, Vernehmungsprotokoll Lotte Lange-Werner, 14. 8. 1953.
68 BArch, MfS, AOP 12/54, Bl. 19, Bericht SED-Parteiorganisator, 30. 1. 1953.
69 BArch, MfS, AOP 12/54, Bl. 21, Bericht an die PKK, 31. 1. 1953.
70 BArch, MfS, AOP 12/54, Bl. 13–14, Auskunftsersuchen, 7. 2. 1953; Bl. 16, Vermerk, undatiert; Bl. 25–26, Dienststelle Kamenz an BV Dresden, 28. 2. 1953.
71 BArch, MfS, AOP 12/54, Bl. 18, Bericht, 7. 2. 1953.

72 BArch, MfS, AOP 12/54, Bl. 5–6 (hier Bl. 5), Beschluss Anlage Gruppenvorgang, 17. 3. 1953.
73 Vgl. Wolf, HA I, S. 55; Wiedmann, Diensteinheiten, S. 59–64, 244–253.
74 BArch, MfS, HA I 79, Chronik, Bl. 60.
75 Vgl. Wolf, HA I, S. 57; Diedrich, Armee, S. 498–522.
76 BArch, MfS, HA I 79, Bl. 66–67, Chronik, Richtlinie 21/52 Arbeit mit IM; vgl. Diedrich, Armee, S. 509; Wolf, HA I, S. 53.
77 BArch, MfS, KS II 655/85, Kaderunterlage, undatiert.
78 BArch, MfS, KS II 655/85, Attestationsblatt Krug, 5. 10. 1952.
79 BArch, MfS, AOP 12/54, Bl. 9–12, Zusammengefasster Bericht, 16. 3. 1953.
80 Wolf, HA I, S. 61.
81 BArch, MfS, AOP 12/54, Bl. 9–12, Zusammengefasster Bericht, 16. 3. 1953.
82 BArch, MfS, AOP 12/54, Bl. 23, Bericht, 14. 3. 1953; vgl. Ostermann, Containment, S. 53.
83 BArch, MfS, AOP 12/54, Bl. 5–6, Beschluss Anlage Gruppenvorgang, 17. 3. 1953.
84 BArch, MfS, AOP 12/54, Bl. 9–12, Zusammengefasster Bericht, 16. 3. 1953.
85 BArch, MfS, AOP 12/54, Bl. 56–58, Zwischenbericht, 4. 5. 1953.
86 BArch, MfS, AOP 12/54, Bl. 66–67, Vermerk: Operative Maßnahmen, 3. 6. 1953; vgl. Kowalczuk, Stasi konkret, S. 237.
87 BArch, MfS, AOP 12/54, Bl. 31, Bericht, 22. 3. 1953.
88 BArch, MfS, AOP 12/54, Bl. 59, Operativplan Vorgang „Gesindel“, 4. 5. 1953.
89 BArch, MfS, AOP 12/54, Bl. 33, Aktennotiz, 23. 3. 1953; Bl. 42, Vermerk, 27. 3. 1953; Bl. 47, Leutnant Wilke: Schreiben „Telefonnummer ist zu ermitteln“, 11. 4. 1953; Bl. 32, Aktennotiz, 23. 3. 1953.
90 BArch, MfS, AOP 12/54, Bl. 31, Bericht, 22. 3. 1953.
91 BArch, MfS, AOP 12/54, Bl. 24, Dienststelle Kamenz an Dienststelle I/3-500/2, 23. 3. 1953; Bl. 65, GI-Bericht „Fulda“, 29. 5. 1953.
92 BArch, MfS, AOP 12/54, Bl. 59, Operativplan Vorgang „Gesindel“, 4. 5. 1953.
93 BArch, MfS, AOP 12/54, Bl. 61, Ermittlungsbericht Lange-Werner, 18. 3. 1953.
94 BArch, MfS, AOP 12/54, Bl. 56–58 (hier Bl. 57), Zwischenbericht, 4. 5. 1953.
95 BArch, MfS, AOP 12/54, Bl. 45, Bericht, 13. 4. 1953.
96 BArch, MfS, AOP 12/54, Bl. 49, GI „Fulda“: Bericht, 21. 4. 1953.
97 BArch, MfS, AOP 12/54, Bl. 60, GI „Blume“: Bericht, 15. 5. 1953.
98 BArch, MfS, AOP 12/54, Bl. 55, GI „Blume“: Bericht, 29. 4. 1953.
99 BArch, MfS, AOP 12/54, Bl. 63, GI „Fulda“: Bericht, 15. 5. 1953.
100 Ebd.
101 BArch, MfS, AU 60/54, Bd. 1, Bl. 175–180, Vernehmungsprotokoll Baum*, 4. 8. 1953.
102 BArch, MfS, AOP 12/54, Bl. 56–58 (hier Bl. 57), Zwischenbericht, 4. 5. 1953.
103 BArch, MfS, AOP 12/54, Bl. 66–67, Übersetzung aus dem Russischen: Operative Maßnahmen, 3. 6. 1953.
104 BArch, MfS, AOP 12/54, Bl. 69, Leutnant Wilke: Treffbericht, 13. 6. 1953.
105 BArch, MfS, AOP 12/54, Bl. 73–74, GI „Blume“: Bericht, 28. 6. 1953.

106 BArch, MfS, AOP 12/54, Bl. 69, Leutnant Wilke: Treffbericht, 13. 6. 1953; Bl. 70, GI „Blume“: Bericht, 17. 6. 1953.
107 BArch, MfS, AOP 12/54, Bl. 72, GI „Fulda“: Bericht, 24. 6. 1953.
108 BArch, MfS, AOP 12/54, Bl. 73–74 (hier Bl. 73), GI „Blume“: Bericht, 28. 6. 1953.
109 BArch, MfS, AOP 12/54, Bl. 71, GI „Blume“: Bericht, 17. 6. 1953.
110 BArch, MfS, AOP 12/54, Bl. 73–74, GI „Blume“: Bericht, 28. 6. 1953.
111 BArch, MfS, AOP 12/54, Bl. 75–76, GI „Blume“: Bericht, 15. 7. 1953.
112 BArch, MfS, AOP 12/54, Bl. 73–74, GI „Blume“: Bericht, 28. 6. 1953.
113 BArch, MfS, AOP 12/54, Bl. 141–142, Beobachtungsauftrag, 16. 7. 1953.
114 BArch, MfS, AOP 12/54, Bl. 137–138, Ermittlungsbericht, undatiert; Bl. 139–140, Ermittlungsbericht, 21. 7. 1953; Bl. 82–86, Zusammengefasster Bericht, 28. 7. 1953; Bl. 112–118, Schlussbericht, 4. 8. 1953.
115 BArch, MfS, AU 60/54, Bd. 8, Bl. 55–74 (hier Bl. 62), Anklageschrift, 22. 10. 1953.
116 BArch, MfS, AU 60/54, Bd. 1, Bl. 281–287, Vernehmungsprotokoll Meier*, 12. 8. 1953.
117 BArch, MfS, AU 60/54, Bl. 155–159, Vernehmungsprotokoll Raupach, 3. 8. 1953.
118 BArch, MfS, AOP 12/54, Bl. 79–81, GI „Blume“: Bericht, 27. 7. 1953.
119 BArch, MfS, AOP 12/54, Bl. 78, GI „Blume“: Bericht, 22. 7. 1953.
120 BArch, MfS, AOP 12/54, Bl. 112–118, Schlussbericht, 4. 8. 1953.
121 BArch, MfS, AOP 12/54, Bl. 79–81, GI „Blume“: Bericht, 27. 7. 1953.
122 BArch, MfS, AOP 12/54, Bl. 135–136, Beobachtungsauftrag, 25. 7. 1953; Bl. 133–134, Beobachtungsbericht, 28. 7. 1953; Bl. 82–86, Zusammengefasster Bericht, 28. 7. 1953; Bl. 112–118, Schlussbericht, 4. 8. 1953.
123 BArch, MfS, AOP 12/54, Bl. 112–118 (hier Bl. 116), Schlussbericht, 4. 8. 1953 (Zitat verkürzt).
124 Engelmann, Juni-Trauma, S. 240.
125 Vgl. Fricke, „Der Tag X“, S. 164, 177; Engelmann, Diener, S. 59.
126 BArch, MfS, AOP 12/54, Bl. 82–86 (hier Bl. 85), Zusammengefasster Bericht, 28. 7. 1953.
127 Ebd.
128 Ebd.
129 Suckut, Wörterbuch, S. 376; vgl. Fricke, „Konzentrierte Schläge“, S. 108.
130 BArch, MfS, AOP 12/54, Bl. 123–124, Maßnahmenplan Vorgang „Gesindel“, 29. 7. 1953.
131 BArch, MfS, AU 60/54, Bd. 1, Bl. 27–34 (hier Bl. 31), Vernehmungsprotokoll Lange-Werner, Berlin 30. 7. 1953.
132 BArch, MfS, AU 60/54, Bd. 7, Bl. 1–13, DDR-Generalstaatsanwaltschaft an Oberst Jakupow, Abteilung Justiz beim Hohen Kommissar der UdSSR in Deutschland, 5. 10. 1954.
133 BArch, MfS, AU 60/54, Bd. 1, Bl. 27–34, Vernehmungsprotokoll Lange-Werner, 30. 7. 1953; Bd. 2, Bl. 112–116, Vernehmungsprotokoll Lange-Werner, 18. 9. 1953; Bd. 2, Bl. 124–130, Vernehmungsprotokoll Lange-Werner, 22. 9. 1953; Bd. 1, Bl. 94–104, Vernehmungsprotokoll Klump, 2. 8. 1953;

Bd. 1, Bl. 141–148, Vernehmungsprotokoll Klump, 3. 8. 1953; Bd. 2, Bl. 16–19, Vernehmungsprotokoll Lotte Lange-Werner, 25. 8. 1953.

134 BArch, MfS, AU 60/54, Bd. 1, Bl. 94–104, Vernehmungsprotokoll Klump, 2. 8. 1953.

135 BArch, MfS, AU 60/54, Bd. 1, Bl. 27–34, Vernehmungsprotokoll Lange-Werner, 30. 7. 1953; Bd. 2, Bl. 68–73, Vernehmungsprotokoll Lange-Werner, 9. 9. 1953; Bd. 2, Bl. 117–122, Vernehmungsprotokoll Lange-Werner, 21. 9. 1953; Bd. 1, Bl. 94–104, Vernehmungsprotokoll Klump, 2. 8. 1953; Bd. 2, Bl. 77–78, Vernehmungsprotokoll Baum*, 10. 9. 1953.

136 BArch, MfS, AU 60/54, Bd. 1, Bl. 27–34, Vernehmungsprotokoll Lange-Werner, 30. 7. 1953; Bd. 2, Bl. 117–122, Vernehmungsprotokoll Lange-Werner, 21. 9. 1953.

137 BArch, MfS, AU 60/54, Bd. 1, Bl. 27–34, Vernehmungsprotokoll Lange-Werner, 30. 7. 1953; Bd. 2, Bl. 112–116, Vernehmungsprotokoll Lange-Werner, 18. 9. 1953; Bd. 2, Bl. 117–122, Vernehmungsprotokoll Lange-Werner, 21. 9. 1953; Bd. 1, Bl. 74–76, Vernehmungsprotokoll Klump, 31. 7. 1953; Bd. 1, Bl. 89–93, Geständnis Klump, 1. 8. 1953; Bd. 1, Bl. 94–104, Vernehmungsprotokoll Klump, 2. 8. 1953; Bd. 1, Bl. 141–148, Vernehmungsprotokoll Klump, 3. 8. 1953; Bd. 1, Bl. 226–230, Vernehmungsprotokoll Baum*, 6. 8. 1953; Bd. 2, Bl. 77–78, Vernehmungsprotokoll Baum*, 10. 9. 1953.

138 BArch, MfS, AU 60/54, Bd. 1, Bl. 214–216, Vernehmungsprotokoll Lange-Werner, 5. 8. 1953.

139 BArch, MfS, AU 60/54, Bd. 1, Bl. 94–104 (hier Bl. 101), Vernehmungsprotokoll Klump, 2. 8. 1953; Bd. 1, Bl. 89–93, Geständnis Klump, 1. 8. 1953.

140 BArch, MfS, AU 60/54, Bd. 1, Bl. 27–34, Vernehmungsprotokoll Lange-Werner, 30. 7. 1953; Bd. 1, Bl. 74–76, Vernehmungsprotokoll Klump, 31. 7. 1953; Bd. 1, Bl. 141–148, Vernehmungsprotokoll Klump, 3. 8. 1953; Bd. 1, Bl. 226–230, Vernehmungsprotokoll Baum*, 6. 8. 1953; Bd. 1, Bl. 77–78, Vernehmungsprotokoll Demann, 31. 7. 1953; Bd. 1, Bl. 149–151, Vernehmungsprotokoll Demann, 3. 8. 1953.

141 BArch, MfS, AU 60/54, Bd. 2, Bl. 112–116, Vernehmungsprotokoll Lange-Werner, 18. 9. 1953.

142 FOIA/CREST, CIA-RDP80-00810A002300430001-8, Kamenz Airfield, 5. 8. 1953; FOIA/CREST, CIA-RDP80-00810A002200230023-7, Volkspolizei Luft, 11. 8. 1953; FOIA/CREST, CIA-RDP80-00810A006700620002-1, East German Air Force, 16. 5. 1955.

143 FOIA/CREST, CIA-RDP80-00810A001100240010-2, CIA Information Report Kamenz Object I – The Ground School, 1. 6. 1953.

144 FOIA/CREST, C02064887, Current Intelligence Bulletin, 11. 1. 1953; FOIA/CREST, CIA-RDP80-00810A 00220021020-2, Information Report East Germany, 1st VPL Division, 13. 11. 1953; FOIA/CREST, CIA-RDP80-00810 A002500750004-1, Information on the VPL, 18. 9. 1953.

145 FOIA/CREST, CIA-RDP80-00810A002400330006-3, VPL School No 500 in Kamenz, vor dem 18. 7. 1953; FOIA/CREST, CIA-RDP80-00810A0038 00920002-7, Volkspolizei Luft in Kamenz, 4. 3. 1954.

146 Vgl. Diedrich, Armee, S. 134–151.

147 Vgl. Bergien, Geschichte, S. 13; Heidenreich, DDR-Spionage, S. 40.
148 BArch, MfS, AU 60/54, Bd. 2, Bl. 187–189 (hier Bl. 188), ZI-Bericht Lange-Werner, 23. 8. 1953.
149 BArch, MfS, AU 60/54, Bd. 2, Bl. 193–195, ZI-Bericht Raupach, undatiert.
150 BArch, MfS, AU 60/54, Bd. 1, Bl. 56–65, Vernehmungsprotokoll Raupach, 30. 7. 1953.
151 BArch, MfS, AOP 12/54, Bl. 112–118 (hier Bl. 118), Schlussbericht, 4. 8. 1953.
152 BArch, MfS, AU 60/54, Bd. 4, Bl. 64–65, Sicherstellungsprotokoll, 31. 7. 1953; Bd. 2, Bl. 171–173, Durchsuchungsprotokoll, 31. 7. 1953.
153 BArch, MfS, AU 60/54, Bd. 1, Bl. 314–317, Vernehmungsprotokoll Meier*, 14. 8. 1953.
154 BArch, MfS, AOP 12/54, Bl. 112–118, Schlussbericht, 4. 8. 1953.
155 BArch, MfS, AOP 12/54, Bl. 122, Aktennotiz, 29. 7. 1953.
156 BArch, MfS, AU 60/54, Bd. 1, Bl. 22–26. Vernehmungsprotokoll Lange-Werner, 30. 7. 1953.
157 BArch, MfS, AU 60/54, Bd. 1, Bl. 46–53, Vernehmungsprotokoll Klump, 30. 7. 1953; Bl. 74–76, Vernehmungsprotokoll Klump, 31. 7. 1953; Bl. 226–230, Vernehmungsprotokoll Baum*, 6. 8. 1953; Bd. 2, Bl. 27–29, Vernehmungsprotokoll Lotte Lange-Werner, 28. 8. 1953; Bd. 2, Bl. 178–180, ZI-Bericht Baum*, undatiert.
158 BArch, MfS, AU 60/54, Bd. 1, Bl. 141–148 (hier Bl. 148), Vernehmungsprotokoll Klump, 3. 8. 1953.
159 Ebd.; BArch, MfS, AU 60/54, Bd. 1, Bl. 54, Durchsuchungsprotokoll Klump, 30. 7. 1953.
160 BArch, MfS, AU 60/54, Bd. 1, Bl. 46–53, Vernehmungsprotokoll Klump, 30. 7. 1953.
161 BArch, MfS, AU 60/54, Bd. 1, Bl. 27–34, Vernehmungsprotokoll Lange-Werner, 30. 7. 1953; Bd. 2, Bl. 174, Durchsuchungsprotokoll Lange-Werner, 29. 7. 1953.
162 BArch, MfS, AU 60/54, Bd. 1, Bl. 226–230, Vernehmungsprotokoll Baum*, 6. 8. 1953; Bd. 1, Bl. 163–168, Vernehmungsprotokoll Demann, 5. 8. 1953.
163 BArch, MfS, AU 60/54, Bd. 1, Bl. 83–88, Vernehmungsprotokoll Demann, 1. 8. 1953.
164 BArch, MfS, AOP 12/54, Bl. 112–118 (hier Bl. 117), Schlussbericht, 4. 8. 1953.
165 Ebd.
166 BArch, MfS, AU 60/54, Bd. 4, Bl. 29, Ermittlungssache, 3. 8. 1953; Bd. 1, Bl. 175–180, Vernehmungsprotokoll Baum*, 4. 8. 1953.
167 BArch, MfS, AU 60/54, Bd. 1, Bl. 140, Aktennotiz, 2. 8. 1953.
168 BArch, MfS, AU 60/54, Bd. 1, Bl. 138, Schweigeverpflichtungen, 2. 8. 1953.
169 BArch, MfS, AU 60/54, Bd. 1, Bl. 139, Leutnant Wilke an Major Neumann, 2. 8. 1953.
170 BArch, MfS, AU 60/54, Bd. 2, Bl. 27–29, Vernehmungsprotokoll 28. 8. 1953.
171 BArch, MfS, AOP 12/54, Bl. 120, Vermerk: Übersendung Vorgang „Gesindel“ zur Ablage, 4. 8. 1953; Bl. 119, Beschluss: Einstellung Gruppenvorgang „Gesindel, 5. 8. 1953.

172 BArch, MfS, AU 60/54, Bd. 2, Bl. 202–206 (hier Bl. 205), ZI-Bericht Raupach, 9. 9. 1953.
173 Wentker, Justiz, S. 552; vgl. Engelmann, HA IX, S. 54.
174 BArch, MfS, AU 60/54, Bd. 7, Bl. 14, Rechtsanwalt Dr. Godschold an DDR-Generalstaatsanwalt, 22. 9. 1953.
175 Vgl. Knabe, Inhaftiert, S. 223.
176 BArch, MfS, AU 60/54, Bl. 14, Haftbeschluss Klump, 31. 7. 1953; Bd. 1, Bl. 97, Haftbefehl Klump, 31. 7. 1953; Bl. 80, Ermittlungssache Klump, 1. 8. 1953; Bd. 4, Bl. 15–16, Einleitung Untersuchungsverfahren Meier*, 3. 8. 1953; Bd. 1, Bl. 18, Haftbeschluss Meier*, 3. 8. 1953; Bd. 4, Bl. 24, Haftbefehl Meier*, 3. 8. 1953; Bd. 4, Bl. 7–8, Einleitung Untersuchungsverfahren Raupach, 31. 7. 1953; Bd. 1, Bl. 13, Haftbeschluss Raupach, 31. 7. 1953; Bd. 4, Bl. 20, Haftbefehl Raupach, 31. 7. 1953; Bd. 4, Bl. 5–6, Einleitung Untersuchungsverfahren Lange-Werner, 1. 8. 1953; Bd. 1, Bl. 12, Haftbeschluss Lange-Werner, 31. 7. 1953; Bd. 4, Bl. 19, Haftbefehl Lange-Werner, 1. 8. 1953; Bd. 4, Bl. 9–10, Einleitung Untersuchungsverfahren Baum*, 3. 8. 1953; Bd. 1, Bl. 16, Haftbeschluss Baum*, 3. 8. 1953; Bd. 4, Bl. 21, Haftbefehl Baum*, 3. 8. 1953; Bd. 4, Bl. 29, Ermittlungssache Baum*, 3. 8. 1953; Bd. 4, Bl. 11–12, Einleitung Untersuchungsverfahren Demann, 31. 7. 1953; Bd. 1, Bl. 15, Haftbeschluss Demann, 31. 7. 1953; Bd. 4, Bl. 22, Haftbefehl Demann, 31. 7. 1953; Bd. 4, Bl. 13–14, Einleitung Untersuchungsverfahren Wieland, 3. 8. 1953; Bd. 1, Bl. 17, Haftbeschluss Wieland, 3. 8. 1953; Bd. 4, Bl. 23, Haftbefehl Wieland, 3. 8. 1953; Bd. 4, Bl. 17–18, Einleitung Untersuchungsverfahren Lotte Lange-Werner, 6. 8. 1953; Bd. 1, Bl. 19, Haftbeschluss Lotte Lange-Werner, 6. 8. 1953; Bd. 4, Bl. 25–26, Haftbefehl Lotte Lange-Werner, 6. 8. 1953.
177 Verfassung der DDR, 7. 10. 1949, zit. nach: Weber, DDR, S. 156–163.
178 Direktive Nr. 38, in: Amtsblatt Kontrollrat, Nr. 11, S. 184–188; vgl. Diedrich, Armee, S. 492; Engelmann, HA IX, S. 40.
179 Es handelte sich um die Paragrafen 43, 49, 73, 74, 139, 353 des Reichsstrafgesetzbuches von 1871, das in der DDR, wie in ganz Deutschland, fortgalt. Erst 1957 legte das Strafrechtsänderungsgesetz in der DDR neue Staatsschutzbestimmungen und Strafarten fest. 1968 wurde das Strafgesetzbuch der DDR erlassen.
180 Vgl. Spohr, Haft, S. 231–248, 260–270; Lazai, Untersuchungsgefängnis, S. 7–8, 12–13, 15, 20.
181 Archiv Gedenkstätte Berlin-Hohenschönhausen, Interview P. L., 2. 6. 2010.
182 Archiv Gedenkstätte Berlin-Hohenschönhausen, Interview H. P., 5. 9. 2007.
183 Archiv Gedenkstätte Berlin-Hohenschönhausen, Interview P. L., 2. 6. 2010.
184 BArch, MfS, AIM 6841/91, Bd. 1, Bl. 85–98 (hier Bl. 89), Auskunftsbericht Klump, 19. 12. 1975.
185 BArch, MfS, AU 60/54, Bd. 1, Bl. 56–65, Vernehmungsprotokoll Raupach, 30. 7. 1953.
186 BArch, MfS, AIM 370/55, Bd. 1, Bl. 242–260 (hier Bl. 243), Bericht Vernehmung Klump während ihrer Untersuchungshaft in Karlsruhe, 8. 6. 1963; BArch, MfS, AU 60/54, Bd. 1, Bl. 46–53, Vernehmungsprotokoll Klump, 30. 7. 1953.

187 BArch, MfS, AU 60/54, Bd. 1, Bl. 111–115, Vernehmungsprotokoll Meier*, 2. 8. 1953; Bd. 1, Bl. 293–298, Vernehmungsprotokoll Meier*, 13. 8. 1953; Bd. 1, Bl. 314–317, Vernehmungsprotokoll Meier*, 14. 8. 1953; Bd. 1, Bl. 56–65, Vernehmungsprotokoll Raupach, 30. 7. 1953; Bd. 1, Bl. 265–269, Vernehmungsprotokoll Raupach, 10. 8. 1953; Bd. 1, Bl. 22–26, Vernehmungsprotokoll Lange-Werner, 30. 7. 1953; Bd. 1, Bl. 27–34.

188 BArch, MfS, AU 60/54, Bd. 1, Bl. 123–124, Vernehmungsprotokoll Wieland, 2. 8. 1953; Bd. 1, Bl. 209–212, Vernehmungsprotokoll Wieland, 7. 8. 1953; Bd. 2, Bl. 117–122, Vernehmungsprotokoll Lange-Werner, 21. 9. 1953.

189 BArch, MfS, AU 60/54, Bd. 1, Bl. 307–313, Vernehmungsprotokoll Lotte Lange-Werner, 14. 8. 1953; Bd. 2, Bl. 16–19, Vernehmungsprotokoll Lotte Lange-Werner, 25. 8. 1953; Bd. 1, Bl. 194–197, Vernehmungsprotokoll Wieland, 5. 8. 1953; Bd. 2, Bl. 112–116, Vernehmungsprotokoll Lange-Werner, 18. 9. 1953.

190 BArch, MfS, AU 60/54, Bd. 1, Bl. 181–188, Vernehmungsprotokoll Wieland, 4. 8. 1953.

191 BArch, MfS, AU 60/54, Bd. 4, Bl. 115, Beschluss: Aufnahme beschlagnahmter Gegenstände als Beweismittel zum Untersuchungsvorgang, 6. 8. 1953.

192 BArch, MfS, AU 60/54, Bd. 1, Bl. 273–276, Vernehmungsprotokoll Baum*, 11. 8. 1953.

193 BArch, MfS, AU 60/54, Bd. 1, Bl. 89–93, Geständnis Klump, 1. 8. 1953; Bd. 1, Bl. 94–104, Vernehmungsprotokoll Klump, 2. 8. 1953; Bd. 1, Bl. 270–272, Vernehmungsprotokoll Raupach, 11. 8. 1953; Bd. 2, Bl. 60–67, Vernehmungsprotokoll Raupach, 8. 9. 1953; Bd. 2, Bl. 83–87, Vernehmungsprotokoll Raupach, 10. 9. 1953; Bd. 2, Bl. 101–105, Vernehmungsprotokoll Raupach, 14. 9. 1953; Bd. 2, Bl. 124–130, Vernehmungsprotokoll Lange-Werner, 22. 9. 1953; Bd. 2, Bl. 68–73, Vernehmungsprotokoll Lange-Werner, 9. 9. 1953.

194 BArch, MfS, AU 60/54, Bd. 1, Bl. 89–93, Geständnis Klump, 1. 8. 1953.

195 BArch, MfS, AU 60/54, Bd. 1, Bl. 94–104, Vernehmungsprotokoll Klump, 2. 8. 1953; Bd. 1, Bl. 27–34, Vernehmungsprotokoll Lange-Werner, Berlin 30. 7. 1953; Bd. 2, Bl. 124–130, Vernehmungsprotokoll Lange-Werner, 22. 9. 1953; Bd. 2, Bl. 181–184, ZI-Bericht Lange-Werner, undatiert.

196 BArch, MfS, AU 60/54, Bd. 7, Bl. 134–141, Raupach an DDR-Generalstaatsanwalt, 24. 9. 1954 (Zitat verkürzt).

197 Vgl. Erler, MGB, S. 50.

198 Archiv Gedenkstätte Berlin-Hohenschönhausen, Interview Arno Drefke, 26. 4. 2016.

199 Vgl. Engelmann, HA IX, S. 39, 64; Spohr, Haft, S. 270–287; Pucci, Security, S. 269.

200 BArch, MfS, AIM 370/55, Bd. 2, Bl. 368, Treffbericht IM „Helmtraud“, 25. 2. 1954.

201 BArch, MfS, AU 60/54, Bd. 7, Bl. 134–141, Raupach an DDR-Generalstaatsanwalt, 24. 9. 1954.

202 Archiv Gedenkstätte Berlin-Hohenschönhausen, Interview P. L., 2. 6. 2010.

203 Vgl. Zahn, Haftbedingungen, S. 8–25; Gieseke, Wissen, S. 38–41; Morawe, Untersuchungshaft, S. 195–207.
204 Archiv Gedenkstätte Berlin-Hohenschönhausen, Interview P. L., 2. 6. 2010; vgl. den Bericht von Horst Fichter in: Knabe, Gefangen, S. 154–163.
205 Sälter, Ablauf, S. 279–296.
206 Archiv Gedenkstätte Berlin-Hohenschönhausen, Interview H. H., 26. 9. 2011.
207 BArch, MfS, AU 60/54, Bd. 2, Bl. 43–47 (hier Bl. 46), Vernehmungsprotokoll Lange-Werner, 31. 8. 1953.
208 BArch, MfS, AU 60/54, Bd. 2, Bl. 60–67 (hier Bl. 62), Vernehmungsprotokoll Raupach, 8. 9. 1953.
209 BArch, MfS, AIM 6841/91, Bd. 1, Bl. 85–98 (hier Bl. 91), Auskunftsbericht Klump, 19. 12. 1975 (Zitat verkürzt).
210 BArch, MfS, AU 60/54, Bd. 1, Bl. 89–93, Geständnis Klump, 1. 8. 1953.
211 BArch, MfS, AS 131/79, 1395/53, Bl. 7, Vernehmung Klump, 3. 8. 1953; BArch, MfS, AIM 370/55, Bd. 1, Bl. 22–29, Vernehmungsprotokoll Klump 3. 8. 1953.
212 Vgl. Engelmann, Staatssicherheitsjustiz, S. 145.
213 BArch, MfS, AS 131/79, 1395/53, Bl. 12, Vermerk, 1. 8. 1953.
214 BArch, MfS, AU 60/54, Bd. 1, Bl. 46–53, Vernehmungsprotokoll Klump, 30. 7. 1953; Bd. 1, Bl. 74–76, Vernehmungsprotokoll Klump, 31. 7. 1953.
215 BArch, MfS, AU 60/54, Bd. 1, Bl. 89–93, Geständnis Klump, 1. 8. 1953.
216 BArch, MfS, XV/1555/76, Bd. 2, Bl. 8–18 (hier Bl. 13), Vernehmungsprotokoll Klump, 18. 5. 1976.
217 BArch, MfS, XV/1555/76, Bd. 2, Bl. 19–44 (hier Bl. 29), Lebenslauf Klump, 11. 2. 1976.
218 Vgl. Sälter, Schauprozesse, S. 323–333.
219 BArch, MfS, AIM 370/55, Bd. 1, Bl. 30–31, Bericht, 6. 8. 1953.
220 BArch, MfS, AIM 370/55, Bd. 1, Bl. 32, Verpflichtungserklärung Klump, 5. 8. 1953.
221 Vgl. Diedrich, Armee, S. 501.
222 BArch, MfS, AIM 370/55, Bd. 1, Bl. 30–31, Bericht, 6. 8. 1953; BArch, MfS, AU 60/54, Bd. 1, Bl. 218, Entlassungsbeschluss Klump, 5. 8. 1953.
223 BArch, MfS, AIM 370/55, Bd. 1, Bl. 242–260 (hier Bl. 243), Bericht Vernehmung Klump während ihrer Untersuchungshaft in Karlsruhe, 8. 6. 1963.
224 Vgl. Sélitrenny, Überwachung, S. 297; Engelmann, HA IX, S. 46, 83–84, 200–209; Kowalczuk, Stasi konkret, S. 107; Erler, Spitzel, S. 174–177.
225 BArch, MfS, AU 60/54, Bd. 2, Bl. 178–180 (hier Bl. 180), ZI-Bericht Baum*, undatiert.
226 BArch, MfS, AU 60/54, Bd. 2, Bl. 202–206, ZI-Bericht Raupach, 9. 9. 1953.
227 BArch, MfS, AU 60/54, Bd. 2, Bl. 181–184, ZI-Bericht Lange-Werner, undatiert; Bl. 185–186, ZI-Bericht Lange-Werner, undatiert.
228 BArch, MfS, AU 60/54, Bd. 2, Bl. 190–192 (hier Bl. 191), ZI-Bericht Lange-Werner, undatiert.
229 BArch, MfS, AU 60/54, Bd. 2, Bl. 178–180 (hier Bl. 180), ZI-Bericht Baum*, undatiert.

230 BArch, MfS, AU 60/54, Bd. 1, Bl. 226–230 (hier Bl. 229), Vernehmungsprotokoll Baum*, 6. 8. 1953.
231 BArch, MfS, AU 60/54, Bd. 2, Bl. 178–180 (hier Bl. 180), ZI-Bericht Baum*, undatiert.
232 BArch, MfS, AU 60/54, Bd. 2, Bl. 202–206 (hier Bl. 205), ZI-Bericht Raupach, 9. 9. 1953.
233 BArch, MfS, AIM 370/55, Bd. 1, Bl. 242–260 (hier Bl. 243), Bericht Vernehmung Klump während ihrer Untersuchungshaft in Karlsruhe, 8. 6. 1963.
234 Ebd.
235 BArch, MfS, AU 60/54, Bd. 2, Bl. 181–184, ZI-Bericht Lange-Werner, undatiert; Bd. 2, Bl. 202–206 (hier Bl. 205), ZI-Bericht Raupach, 9. 9. 1953.
236 BArch, MfS, AU 60/54, Bd. 2 Bl. 190–192 (hier Bl. 191), ZI-Bericht Lange-Werner, undatiert.
237 BArch, MfS, AU 60/54, Bd. 2, Bl. 202–206 (hier Bl. 205), ZI-Bericht Raupach, 9. 9. 1953.
238 BArch, MfS, AU 60/54, Bd. 2, Bl. 209–210 (hier Bl. 209), ZI-Bericht Raupach, 18. 9. 1953.
239 Ebd.
240 BArch, MfS, AU 60/54, Bd. 2, Bl. 178–180 (hier Bl. 180), ZI-Bericht Baum*, undatiert.
241 BArch, MfS, AU 60/54, Bd. 2, Bl. 185–186 (hier Bl. 185), ZI-Bericht Lange-Werner, undatiert.
242 BArch, MfS, AU 60/54, Bd. 2, Bl. 202–206 (hier Bl. 205), ZI-Bericht Raupach, 9. 9. 1953.
243 BArch, MfS, AU 60/54, Bd. 2, Bl. 187–189 (hier Bl. 187), ZI-Bericht Lange-Werner, undatiert.
244 BArch, MfS, AU 60/54, Bd. 2, Bl. 202–206 (hier Bl. 205), ZI-Bericht Raupach, 9. 9. 1953.
245 Stasi-Lehrvortrag zur Verhinderung von Suiziden 1977, zit. nach: Knabe, Inhaftiert, S. 135 (Zitat verkürzt).
246 BArch, MfS, AU 60/54, Bd. 2, Bl. 193–195 (hier Bl. 195), ZI-Bericht Raupach, undatiert.
247 BArch, MfS, AS 131/79, 1415/53, Bl. 5, Oberfeldwebel Goth an Major Bialas, 18. 8. 1953.
248 Vgl. Voigt, Medizin, S. 9–14.
249 BArch, MfS, AS 131/79, 1415/53, Bl. 6, Vermerk: Verpflegungsänderung, 18. 8. 1953.
250 BArch, MfS, AS 131/79, 1394/53, Bl. 3, Vermerk: Zahnbehandlung, 6. 8. 1953, 22. 8. 1953, 26. 8. 1953, 28. 8. 1953, Rotlichtbehandlung 7. 8. 1953, 8. 8. 1953.
251 BArch, MfS, AS 131/79, 1393/53, Bl. 5, Oberfeldwebel Goth an Major Bialas, 30. 9. 1953.
252 Vgl. Knabe, Inhaftiert, S. 134; Erler, Tod, S. 65–87.
253 Driesch, Verschluss, S. 259.
254 Ebd., S. 82.
255 MfS-Lehrvortrag zur Verhinderung von Suiziden 1977, zit. nach: Knabe, Inhaftiert, S. 135.

256 Grashoff, Suizide, S. 2–3; vgl. ders., Selbsttötungen, S. 70–75; Knabe, Inhaftiert, S. 134–137; Beleites, Abteilung XIV, S. 41; Driesch, Verschluss, S. 82; Wunschik, Honeckers Zuchthaus, S. 441–445; ders., Selbstbehauptung, S. 286–289.
257 BArch, MfS, Abt. XIV 126, Bl. 16, Leutnant Conrad: Bericht, 13. 8. 1953.
258 BArch, MfS, Abt. XIV 126, Bl. 9, Oberstleutnant Kühne: Bericht, 1. 9. 1953.
259 Ebd.
260 BArch, MfS, AU 60/54, Bd. 8, Bl. 5–25 (hier Bl. 24), Schlussbericht, 28. 9. 1953 (Zitat verkürzt).
261 BArch, MfS, AU 60/54, Bd. 8, Bl. 29–52, Handschriftliche Ausarbeitung zu den Verhören, undatiert.
262 Vgl. Fricke, „Konzentrierte Schläge", S. 112.
263 BArch, MfS, AU 60/54, Bd. 8, Bl. 5–25 (hier Bl. 17), Schlussbericht, 28. 9. 1953.
264 Ebd., hier Bl. 19.
265 Ebd., hier Bl. 20.
266 Ebd., hier Bl. 23.
267 Ebd., hier Bl. 24.
268 BArch, MfS, AU 60/54, Bd. 5, Zusammenstellung Vernehmungsprotolle für Gerichtsverhandlung; Bd. 3, Bl. 154–155, Beweismittel (Telefonnummer, Spionageauftrag); Bd. 4, Bl. 63, Leibesvisitationsprotokoll Lange-Werner, 29. 7. 1953.
269 Referat Materns auf einer Dienstkonferenz, 11. 11. 1953, zit. nach: Engelmann, Diener, S. 59–60.
270 Vgl. Engelmann, Staatssicherheitsjustiz, S. 143; Gieseke, Mitarbeiter, S. 166–168; Fricke, „Konzentrierte Schläge", S. 34; Heidemeyer, SED, S. 117–122; Pucci, Security, S. 278–279; Heidenreich, Geheimdienstkrieg, S. 92, 249, 434.
271 Referat Materns auf einer Dienstkonferenz, 11. 11. 1953, zit. nach: Engelmann, Diener, S. 59–60; Kowalczuk, Stasi konkret, S. 125.
272 Engelmann, Staatssicherheitsjustiz, S. 144.
273 BArch, MfS, Sekr. d. Min. 1920, Bl. 53–59, Dienstversammlung HA I, 26. 4. 1954.
274 Ebd.
275 Engelmann, HA IX, S. 57.
276 BArch, MfS, Sekr. d. Min. 1920, Bl. 21–41, Protokoll Dienstversammlung HA I, 3. 12. 1954; vgl. Diedrich, Armee, S. 506; Erler, MGB, S. 51.
277 BArch, MfS, KS II 391/83, Bl. 18–19, Vermerk, 11. 5. 1950.
278 Gieseke, Mitarbeiter, S. 116; vgl. Krähnke, Dienst, S. 285–300.
279 Vgl. Gieseke, Mitarbeiter, S. 97; Martin, Herkunft, S. 277–413.
280 Ebd., S. 131.
281 Vgl. ebd., S. 131–133, 180, 348, 400.
282 BArch, MfS, KS II 391/83, Bl. 15–16, Beurteilung Neumann, 17. 10. 1950.
283 Ebd.
284 BArch, MfS, KS II 391/83, Bl. 18–19, Vermerk, 11. 5. 1950.

285 BArch, MfS, Diszi 6822/92, Bl. 18–22 (hier Bl. 20), HA KuSch: Bericht, 8. 12. 1956; Bl. 7–10, Neumann: Ergänzungen zu meinem bei der SfS-Kaderabteilung vorliegendem Lebenslauf, 24. 12. 1954; Bl. 101–107, HA KuSch: Auskunftsbericht, 7. 7. 1965.
286 BArch, MfS, Diszi 6822/92, Bl. 172–181 (hier Bl. 176), Vorschlag zur Entlassung, 13. 8. 1975.
287 BArch, MfS, KS II 391/83, Bl. 23–24, Ernennungsvorschlag, 15. 9. 1952.
288 BArch, MfS, KS II 391/83, Bl. 28, Beförderungsvorschlag, 21. 9. 1953.
289 Engelmann, Staatssicherheitsjustiz, S. 146.
290 BArch, MfS, KS II 391/83, Bl. 29, Beurteilung, 27. 11. 1953.
291 Vgl. Engelmann, Staatssicherheitsjustiz, S. 134; Wolf, HA I, S. 65.
292 BArch, MfS, KS II 391/83, Bl. 33–37 (hier Bl. 35), Dienststellungs-Attestierungsblatt, 13. 5. 1955.
293 Engelmann, HA IX, S. 80.
294 BArch, MfS, KS II 391/83, Bl. 45, Beförderungsvorschlag, 13. 9. 1958.
295 BArch, MfS, KS II 391/83, Bl. 166–168, Leiter HA IX an Minister: Stellungnahme zum Gesuch Oberstleutnant Neumann, 31. 5. 1972; Bl. 159–160, Chef Medizinischer Dienst: Vermerk, 29. 7. 1972; Bl. 163–164, Leiter HA KuSch: Aktenvermerk, 27. 10. 1972.
296 BArch, MfS, KS II 391/83, Bl. 1–6, I. Teil Zusammengefasste Auskunft.
297 BArch, MfS, BV Halle 166/64, Bd. 1, Bl. 17–20, Würzberger: Lebenslauf, 21. 10. 1949.
298 BArch, MfS, KS BV Halle 35/62, Bl. 22–29, Dienstverhältnisse, 12. 9. 1957.
299 BArch, MfS, BV Halle 166/64, Bd. 1, Bl. 31–34, Personalbogen, 16. 9. 1957.
300 Vgl. Gieseke, Mitarbeiter, S. 193, 345, 427.
301 BArch, MfS, KS BV Halle 35/62, Bl. 54–58 (hier Bl. 55), Vermerk Entlassung, 1. 3. 1961.
302 BArch, MfS, KS BV Halle 35/62, Bl. 28, Strafen.
303 BArch, MfS, BV Halle 166/64, Bd. 1, Bl. 38–41 (hier Bl. 39), Vorschlag Werbung GHI, 30. 11. 1962.
304 BArch, MfS, BV Halle 166/64, Bd. 1, Bl. 49, BV Halle: Einschätzung, 12. 12. 1962.
305 BArch, MfS, Disziplinar 6290/92, ZA 12080/12150, Bl. 231–239, Vermerk: Entlassung, 1. 3. 1961.
306 BArch, MfS, BV Halle 166/64, Bd. 1, 52–59, Vermerk: Einstellung Zusammenarbeit, 23. 12. 1963.
307 BArch, MfS, KS 13300/90, Bl. 65–66, Beurteilung Brömme, 5. 11. 1953.
308 BArch, MfS, KS 13300/90, Bl. 94–95, MfS-Hochschule: Abschlusszeugnis II. Qualifizierungslehrgang Brömme, 23. 12. 1959.
309 BArch, MfS, KS 13300/90, Bl. 96–97, Beurteilung Brömme, 29. 5. 1961.
310 BArch, MfS, KS 13300/90, Bl. 115–117, Urkunde, 31. 3. 1971.
311 BArch, MfS, KS 13300/90, Bl. 3–12, Kaderunterlagen: Zusammengefasste Auskunft.
312 Vgl. Gieseke, Mitarbeiter, S. 145; Baberowski, Diktatur, S. 163–164.
313 BArch, MfS, KS 13491/90, Bl. 137–138, Personalvorschlag Schröck, 5. 1. 1952.

314 BArch, MfS, KS 13491/90, Bl. 23, Attestationsblatt Schröck, 16. 3. 1953.
315 BArch, MfS, KS 13491/90, Bl. 33, Beurteilung Schröck, 6. 11. 1953.
316 BArch, MfS, KS 13491/90, Bl. 366–375 (hier Bl. 368), Schröck: Stellungnahme, 25. 2. 1956.
317 BArch, MfS, KS 13491/90, Bl. 366–375, Schröck: Stellungnahme, 25. 2. 1956.
318 BArch, MfS, KS 13491/90, Bl. 359–360, Schröck: Besonderes Vorkommnis, 24. 1. 1956.
319 BArch, MfS, KS 13491/90, Bl. 366–375 (hier Bl. 373), Schröck: Stellungnahme, 25. 2. 1956.
320 BArch, MfS, KS 13491/90, Bl. 361–362, Major Neumann: Stellungnahme, 10. 2. 1956.
321 BArch, MfS, KS 13491/90, Bl. 366–375 (hier Bl. 374), Schröck: Stellungnahme, 25. 2. 1956.
322 Ebd.
323 BArch, MfS, KS 13491/90, Bl. 376, Leiter HA I Oberst Kleinjung: Straftenor, 17. 2. 1956.
324 Vgl. Engelmann, HA IX, S. 53.
325 BArch, MfS, KS 13491/90, Bl. 52–53, Oberstleutnant Neumann: Beurteilung, 23. 6. 1961.
326 BArch, MfS, KS 13491/90, Bl. 54, Auszeichnungsvorschlag, 29. 12. 1961.
327 BArch, MfS, KS 13491/90, Bl. 56, Beförderungsvorschlag, 3. 8. 1962; Bl. 58, Auszeichnungsvorschlag, 29. 12. 1963.
328 BArch, MfS, KS 13491/90, Bl. 2–11, Kaderunterlagen: Zusammengefasste Auskunft.
329 BArch, MfS, KS 13491/90, Bl. 89–91 (hier Bl. 90), Vorschlag Aufnahme Schröck in Kaderreserve, 7. 1. 1976.
330 BArch, MfS, KS 13491/90, Bl. 352–353, HA KuSch: Vorschlag zur Entlassung, 5. 4. 1989.
331 BArch, MfS, AU 60/54, Bd. 2, Bl. 124–130 (hier Bl. 127), Vernehmungsprotokoll Lange-Werner, 22. 9. 1953 (Zitat verkürzt).
332 Vgl. Heidenreich, DDR-Spionage, S. 163, 628–629; Wenzke, Staatsfeinde, S. 88.
333 BArch, MfS, AU 60/54, Bd. 2, Bl. 181–184, ZI-Bericht Lange-Werner, undatiert; Bd. 1, Bl. 27–34, Vernehmungsprotokoll Lange-Werner, 30. 7. 1953; Bd. 1, Bl. 300–306, Vernehmungsprotokoll Lange-Werner, 14. 8. 1953; Bd. 2, Bl. 43–47, Vernehmungsprotokoll Lange-Werner, 31. 8. 1953.
334 BArch, MfS, AU 60/54, Bd. 1, Bl. 94–104, Vernehmungsprotokoll Klump, 2. 8. 1953.
335 BArch, MfS, AIM 370/55, Bd. 1, Bl. 242–260, Bericht Vernehmung Klump während ihrer Untersuchungshaft in Karlsruhe, 8. 6. 1963.
336 BArch, MfS, AU 60/54, Bd. 1, Bl. 111–115, Vernehmungsprotokoll Meier*, 2. 8. 1953; Bd. 1, Bl. 281–287, Vernehmungsprotokoll Meier*, 12. 8. 1953; Bd. 1, Bl. 56–65, Vernehmungsprotokoll Raupach, 30. 7. 1953; Bd. 2, Bl. 20–22, Vernehmungsprotokoll Raupach, 26. 8. 1953.

337 BArch, MfS, AU 60/54, Bd. 2, Bl. 196–201, ZI-Bericht Raupach, 8. 9. 1953; Bd. 2, Bl. 49, Personenbeschreibung „Franz“, undatiert.
338 BArch, MfS, AU 60/54, Bd. 1, Bl. 56–65, Vernehmungsprotokoll Raupach, 30. 7. 1953; Bd. 1, Bl. 160–162, Vernehmungsprotokoll Raupach, 4. 8. 1953; Bd. 2, Bl. 20–22, Vernehmungsprotokoll Raupach, 26. 8. 1953; Bd. 2, Bl. 60–67, Vernehmungsprotokoll Raupach, 8. 9. 1953; Bd. 2, Bl. 101–105, Vernehmungsprotokoll Raupach, 14. 9. 1953.
339 BArch, MfS, AU 60/54, Bd. 1, Bl. 111–115, Vernehmungsprotokoll Meier*, 2. 8. 1953; Bd. 1, Bl. 293–298, Vernehmungsprotokoll Meier*, 13. 8. 1953; Bd. 1, Bl. 314–317, Vernehmungsprotokoll Meier*, 14. 8. 1953; Bd. 1, Bl. 22–26, Vernehmungsprotokoll Lange-Werner, Kamenz 30. 7. 1953; Bd. 1, Bl. 27–34, Vernehmungsprotokoll Lange-Werner, Berlin 30. 7. 1953.
340 BArch, MfS, AU 60/54, Bd. 2, Bl. 68–73, Vernehmungsprotokoll Lange-Werner, 9. 9. 1953; Bd. 1, Bl. 265–269, Vernehmungsprotokoll Raupach, 10. 8. 1953; Bd. 2, Bl. 106–107, Vernehmungsprotokoll Raupach, 14. 9. 1953.
341 BArch, MfS, AU 60/54, Bd. 1, Bl. 56–65, Vernehmungsprotokoll Raupach, 30. 7. 1953; Bd. 2, Bl. 117–122, Vernehmungsprotokoll Lange-Werner, 21. 9. 1953; Bl. 124–130, Vernehmungsprotokoll Lange-Werner, 22. 9. 1953.
342 Heidenreich, DDR-Spionage, S. 216.
343 Vgl. ebd., S. 188; Müller, Wellenkrieg, S. 52; Wagner, BND, S. 119.
344 BArch, MfS, AU 60/54, Bd. 1, Bl. 22–26, Vernehmungsprotokoll Lange-Werner, Kamenz 30. 7. 1953; Bd. 2, Bl. 185–186, ZI-Bericht Lange-Werner, undatiert.
345 BArch, MfS, AU 60/54, Bd. 2, Bl. 68–73, Vernehmungsprotokoll Lange-Werner, 9. 9. 1953; Bd. 2, Bl. 187–189, ZI-Bericht-Lange-Werner, 23. 8. 1953; Bd. 1, Bl. 273–276, Vernehmungsprotokoll Baum*, 11. 8. 1953; Bd. 2, Bl. 74–76, Vernehmungsprotokoll Baum*, 10. 9. 1953; Bd. 1, Bl. 270–272, Vernehmungsprotokoll Raupach, 11. 8. 1953; Bd. 2, Bl. 83–87, Vernehmungsprotokoll Raupach, 10. 9. 1953; Bd. 2, Bl. 101–105, Vernehmungsprotokoll Raupach, 14. 9. 1953.
346 BArch, MfS, AU 60/54, Bd. 2, Bl. 90–91, Beschluss: Durchführung Sachverständigen-Begutachtung, 10. 9. 1953; Bd. 2, Bl. 92–93, SfS an Kriminaltechnisches Institut der Volkspolizei: Anfertigung Sachverständigengutachten, 10. 9. 1953; Bd. 4, Bl. 77–78, Untersuchungsbericht, 28. 9. 1953.
347 BArch, MfS, AU 60/54, Bd. 2, Bl. 124–130 (hier Bl. 127), Vernehmungsprotokoll Lange-Werner, 22. 9. 1953.
348 BArch, MfS, AU 60/54, Bd. 2, Bl. 60–67 (hier Bl. 61), Vernehmungsprotokoll Raupach, 8. 9. 1953.
349 BArch, MfS, AU 60/54, Bd. 1, Bl. 56–65, Vernehmungsprotokoll Raupach, 30. 7. 1953; Bd. 1, Bl. 66–69, Vernehmungsprotokoll Raupach, 31. 7. 1953; Bd. 1, Bl. 160–162, Vernehmungsprotokoll Raupach, 4. 8. 1953; Bd. 2, Bl. 2–6, Vernehmungsprotokoll Raupach, 17. 8. 1953; Bd. 2, Bl. 7–9, Vernehmungsprotokoll Raupach, 20. 8. 1953; Bd. 2, Bl. 14–15, Vernehmungsprotokoll Raupach, 25. 8. 1953.

350 BArch, MfS, AU 60/54, Bd. 1, Bl. 66–69, Vernehmungsprotokoll Raupach, 31. 7. 1953; Bd. 1, Bl. 160–162, Vernehmungsprotokoll Raupach, 4. 8. 1953; Bd. 2, Bl. 2–6, Vernehmungsprotokoll Raupach, 17. 8. 1953; Bd. 2, Bl. 11–13, Vernehmungsprotokoll Raupach, 24. 8. 1953.
351 BArch, MfS, AU 60/54, Bd. 2, Bl. 7–9 (hier Bl. 8), Vernehmungsprotokoll Raupach, 20. 8. 1953.
352 BArch, MfS, AU 60/54, Bd. 2, Bl. 30, U-Vorgang Lange-Werner, 28. 8. 1953.
353 BArch, MfS, AU 60/54, Bd. 2, Bl. 147–148, Ermittlungsbericht, 7. 9. 1953.
354 BArch, MfS, AU 60/54, Bd. 2, Bl. 157, Hauptmann Würzberger: Ermittlung des Eisenbahners in Gotha, 13. 10. 1953.
355 BArch, MfS, AU 60/54, Bd. 1, Bl. 130–131, Ermittlungsbericht, 2. 8. 1953; Bd. 2, Bl. 155–156, Ermittlungsbericht, 17. 9. 1953; Bd. 2, Bl. 35–36, Ermittlungsbericht, 28. 8. 1953; Bd. 2, Bl. 39–41, Ermittlungsbericht, 28. 8. 1953; Bd. 2, Bl. 42, Ermittlungsbericht, 29. 8. 1953; Bd. 2, Bl. 144–146, Ermittlungsbericht, 7. 9. 1953; Bd. 2, Bl. 33–34, Ermittlungsbericht, 28. 8. 1953; Bd. 2, Bl. 31–32, Ermittlungsbericht, 28. 8. 1953; Bd. 2, Bl. 27–28, Ermittlungsbericht, 28. 8. 1953; Bd. 1, Bl. 217, Ermittlungsbericht, 5. 8. 1953.
356 BArch, MfS, AU 60/54, Bd. 1, Bl. 219, Festnahmebericht, 5. 8. 1953.
357 BArch, MfS, AU 60/54, Bd. 1, Bl. 219, Entlassungsbeschluss, 6. 8. 1953; Bd. 1, Bl. 230, Übergabebestätigung, 6. 8. 1953.
358 BArch, MfS, AU 60/54, Bd. 2, Bl. 196–201 (hier Bl. 196), ZI-Bericht Raupach, 8. 9. 1953; Bd. 1, Bl. 244–258, Vernehmungsprotokoll, undatiert.
359 BArch, MfS, AU 60/54, Bd. 2, Bl. 196–201 (hier Bl. 199), ZI-Bericht Raupach, 8. 9. 1953.
360 BArch, MfS, AU 60/54, Bd. 2, Bl. 207–208, ZI-Bericht Raupach, undatiert; Bd. 2, Bl. 50–54, Meldungen zu militärischen Sachverhalten, 25. 7. 1953–2. 8. 1953; Bd. 3, Bl. 156–160, Vernehmung Raupach durch Staatsanwalt Cottbus, 21. 10. 1953; Bd. 2, Bl. 108–109, Vernehmungsprotokoll Meier*, 14. 9. 1953.
361 BArch, MfS, HA I 79, Chronik, Bl. 70 (Zitat verkürzt).
362 BArch, MfS, HA I 79, Chronik, Bl. 70. Insgesamt wurden 1953 acht Personen im Zusammenhang mit der „Gruppe Lange-Werner“ verhaftet.
363 Vgl. Diedrich, Armee, S. 516; Heidenreich, DDR-Spionage, S. 164, 332, 632.
364 Heidenreich, DDR-Spionage, S. 301–302.
365 Vgl. Fricke, „Konzentrierte Schläge“, S. 42–60.
366 Vgl. Heidenreich, Geheimdienstkrieg, S. 204–213; Wagner, BND, S. 155.
367 Vgl. Peters, Mitgliederpolitik, S. 30.
368 Vgl. Falter, Erklärungsmodelle, S. 75–87.
369 Vgl. Heidenreich, Geheimdienstkrieg, S. 222–228.
370 Vgl. ebd.
371 BArch, MfS, HA I 79, Chronik, Bl. 70.
372 Vgl. Heidenreich, DDR-Spionage, S. 630, 479, 402; Ostermann, Containment, S. 271.
373 Vgl. Müller, Wellenkrieg, S. 130; Heidenreich, DDR-Spionage, S. 274.
374 Vgl. Heidenreich, DDR-Spionage, S. 109.
375 Vgl. ebd., S. 83, 401; Wagner, BND, S. 69.

376 Vgl. Heidenreich, DDR-Spionage, S. 247.
377 BArch, MfS, AU 60/54, Bd. 2, Bl. 178–180, ZI-Bericht Baum*, undatiert; Bl. 181–184, ZI-Bericht Lange-Werner, undatiert.
378 BArch, MfS, AIM 370/55, Bd. 1, Bl. 242–260, Bericht: Vernehmung Klump während ihrer Untersuchungshaft in Karlsruhe, 8. 6. 1963.
379 Vgl. Heidenreich, Geheimdienstkrieg, S. 141.
380 BArch, MfS, AU 60/54, Bd. 2, Bl. 232–235 (hier Bl. 235), Vorschlag Durchführung Hauptverhandlung, 13. 10. 1953 (Zitat verkürzt).
381 Vgl. Kowalczuk, Handeln, S. 210.
382 Vgl. Engelmann, Staatssicherheitsjustiz, S. 149; Werkentin, Strafjustiz, S. 135, 278; Wentker, Neuordnung, S. 109–114; Rottleuthner, Steuerung, S. 32–41.
383 Protokoll Tagung der Oberbürgermeister, Landräte und leitenden Mitarbeiter der Regierung, 2.–4. 3. 1949, zit. nach: Werkentin, Politische Strafjustiz, S. 290.
384 Vgl. Pohl, Justiz, S. 285; Engelmann, HA IX, S. 49; Werkentin, Politische Strafjustiz, S. 31.
385 BStU, MfS, AU 60/54, Bd. 7, Bl. 1–13, DDR-Generalstaatsanwaltschaft an Oberst Jakupow, Abteilung Justiz beim Hohen Kommissar der UdSSR in Deutschland, 5. 10. 1954.
386 Vgl. Engelmann, Staatssicherheitsjustiz, S. 152.
387 Vgl. Heidenreich, DDR-Spionage, S. 201.
388 BArch, MfS, AU 60/54, Bd. 7, Bl. 1–13 (hier Bl. 13), DDR-Generalstaatsanwaltschaft an Oberst Jakupow, Abteilung Justiz beim Hohen Kommissar der UdSSR in Deutschland, 5. 10. 1954.
389 Kowalczuk, Handeln, S. 210; vgl. Engelmann, HA IX, S. 54; Wentker, Justiz, S. 552.
390 BArch, MfS, AU 60/54, Bd. 2, Bl. 232–235 (hier Bl. 235), Vorschlag Durchführung Hauptverhandlung, 13. 10. 1953.
391 BArch, MfS, AU 60/54, Bd. 8, Bl. 27, Staatsanwalt Bezirk Cottbus: Vernehmung Lange-Werner, 21. 10. 1953.
392 BArch, MfS, AU 60/54, Bd. 7, Bl. 134–141, Raupach an DDR-Generalstaatsanwalt, 24. 9. 1954.
393 Vgl. Werkentin, Politische Strafjustiz, S. 139, 292.
394 Vgl. Pohl, Justiz, S. 120, 239.
395 Protokoll Dienstbesprechung Staatsanwaltschaft Cottbus, 11. 4. 1951, zit. nach: Pohl, Justiz, S. 212.
396 BArch, MfS, AU 60/54, Bd. 8, Bl. 55–74 (hier Bl. 73), Anklageschrift, 22. 10. 1953.
397 Ebd., hier Bl. 73.
398 Ebd., hier Bl. 73–74.
399 BArch, MfS, AU 60/54, Bd. 8, Bl. 53, Schreiben Heilborn Terminanberaumung, 22. 10. 1953; Bd. 3, Bl. 40, Anordnung Direktor Bezirksgericht Cottbus: Mitwirkung zweiter Richter, 29. 10. 1953; Bd. 3, Bl. 29–30, Verfügung: Bestellung Verteidiger, 24./26. 10. 1953; Bd. 3, Bl. 36, Vertretungsvollmacht für Lotte Lange-Werner, 27. 10. 1953.

400 BArch, MfS, AU 60/54, Bd. 7, Bl. 134–141 (hier Bl. 135), Raupach an DDR-Generalstaatsanwalt, 24. 9. 1954 (Zitat verkürzt).
401 BArch, MfS, AU 60/54, Bd. 3, Bl. 41–64, Protokoll öffentliche Sitzung I. Strafsenat Bezirksgericht Cottbus, 30./31. 10. 1953.
402 Vgl. Fricke, „Konzentrierte Schläge“, S. 123, 146; Wentker, Justiz, S. 459; Heidenreich, Geheimdienstkrieg, S. 291.
403 Vgl. Pohl, Justiz, S. 236–237.
404 Ebd., S. 285.
405 Protokoll Richtertagung Neuruppin, 21. 9. 1950, zit. nach Ebd., S. 193.
406 Vgl. ebd., S. 111, 177, 236–237, 285.
407 Protokoll Arbeitstagung MdJ, 31. 3. 1953, zit. nach: ebd., S. 244.
408 Vgl. ebd., S. 246, 261.
409 BArch, MfS, AU 60/54, Bd. 7, Bl. 134–141 (hier Bl. 135), Raupach an DDR-Generalstaatsanwalt, 24. 9. 1954.
410 BArch, MfS, AU 60/54, Bd. 3, Bl. 41–64 (hier Bl. 46), Protokoll öffentliche Sitzung Bezirksgericht Cottbus, 30./31. 10. 1953.
411 BArch, MfS, AU 60/54, Bd. 7, Bl. 42–43 (hier Bl. 42), DDR-Generalstaatsanwaltschaft an Oberst Jakupow, Abteilung Justiz beim Hohen Kommissar der UdSSR in Deutschland, 1. 12. 1953.
412 BArch, MfS, AU 60/54, Bd. 3, Bl. 41–64 (hier Bl. 43), Protokoll öffentliche Sitzung Bezirksgericht Cottbus, 30./31. 10. 1953; Bd. 2, Bl. 43–47, Vernehmungsprotokoll Lange-Werner, 31. 8. 1953.
413 BArch, MfS, AU 60/54, Bd. 3, Bl. 41–64 (hier Bl. 43), Protokoll öffentliche Sitzung Bezirksgericht Cottbus, 30./31. 10. 1953.
414 Vgl. Fricke, „Konzentrierte Schläge“, S. 105.
415 BArch, MfS, AU 60/54, Bd. 3, Bl. 41–64 (hier Bl. 43), Protokoll öffentliche Sitzung Bezirksgericht Cottbus, 30./31. 10. 1953.
416 Ebd., hier Bl. 51.
417 Ebd., hier Bl. 56.
418 Ebd., hier Bl. 47.
419 Ebd., hier Bl. 45.
420 Ebd., hier Bl. 47.
421 Ebd., hier Bl. 51.
422 Ebd., hier Bl. 59.
423 Ebd., hier Bl. 58.
424 Ebd., hier Bl. 60.
425 BArch, MfS, AU 60/54, Bd. 2, Bl. 84, Brief Lange-Werner, 2. 7. 1953.
426 BArch, MfS, AU 60/54, Bd. 7, Bl. 42–43 (hier Bl. 43), DDR-Generalstaatsanwalt Dr. Melsheimer an Oberst Jakupow, Abteilung Justiz beim Hohen Kommissar der UdSSR in Deutschland, 31. 10. 1953.
427 Archiv Gedenkstätte Berlin-Hohenschönhausen, Interview Arno Drefke, 18. 4. 2016 und 26. 4. 2016.
428 BArch, MfS, AU 60/54, Bd. 3, Bl. 41–64 (hier Bl. 62), Protokoll öffentliche Sitzung Bezirksgericht Cottbus, 30./31. 10. 1953.

429 BArch, MfS, AU 60/54, Bd. 7, Bl. 42–43 (hier Bl. 43), DDR-Generalstaatsanwalt Dr. Melsheimer an Oberst Jakupow, Abteilung Justiz beim Hohen Kommissar der UdSSR in Deutschland, 31. 10. 1953.
430 BArch, MfS, AU 60/54, Bd. 8, Bl. 169. Aktenvermerk für Genossin Voß, 25. 2. 1954; Bd. 7, Bl. 107, Fernschreiben an DDR-Generalstaatsanwalt, 26. 2. 1954.
431 BArch, MfS, AIM 6841/91, Bd. 1, Bl. 85–98 (hier Bl. 89), Auskunftsbericht Klump, 19. 12. 1975.
432 BArch, MfS, AU 60/54, Bd. 7, Bl. 42–43 (hier Bl. 42), DDR-Generalstaatsanwalt Dr. Melsheimer an Oberst Jakupow, Abteilung Justiz beim Hohen Kommissar der UdSSR in Deutschland, 31. 10. 1953.
433 Vgl. Wagner, BND, S. 69.
434 BArch, MfS, AU 60/54, Bd. 3, Bl. 65–83 (hier Bl. 66), Urteil Bezirksgericht Cottbus, 31. 10. 1953.
435 Ebd., hier Bl. 80.
436 Vgl. Heidenreich, DDR-Spionage, S. 248.
437 BArch, MfS, AU 60/54, Bd. 3, Bl. 65–83 (hier Bl. 80), Urteil Bezirksgericht Cottbus, 31. 10. 1953.
438 Ebd., hier Bl. 81.
439 BArch, MfS, AU 60/54, Bd. 7, Bl. 42–43 (hier Bl. 43), DDR-Generalstaatsanwalt Dr. Melsheimer an Oberst Jakupow, Abteilung Justiz beim Hohen Kommissar der UdSSR in Deutschland, 31. 10. 1953.
440 BArch, MfS, AU 60/54, Bd. 2, Bl. 318, Auskunftsersuchen, 11. 2. 1975.
441 BArch, MfS, AU 60/54, Bd. 2, Bl. 317, Auskunftsersuchen, 11. 3. 1975.
442 BArch, MfS, AU 60/54, Bd. 7, Bl. 62, DDR-Generalstaatsanwaltschaft an Oberst Jakupow, Abteilung Justiz beim Hohen Kommissar der UdSSR in Deutschland, 1. 12. 1953 (Zitat verkürzt).
443 BArch, MfS, AU 60/54, Bd. 3, Bl. 102–104, Berufungsschreiben Lotte Lange-Werner, 6. 11. 1953; Bd. 7, Bl. 49–59, Berufungsschreiben Raupach, 2. 11. 1953; Bd. 9, Bl. 18, Rechtsanwalt Reukert an Raupach, 25. 11. 1953; Bd. 7, Bl. 58–59, Berufungsschreiben Lange-Werner, 4. 11. 1953; Bd. 7, Bl. 54–57, Vermerk Kreisgericht Berufungssachen Meier*, Baum*, Demann, Wieland, 5./7. 11. 1953; vgl. Gängel, Oberstes Gericht, S. 259–266.
444 Vgl. Wentker, Justiz, S. 452.
445 Vgl. Werkentin, Waldheimer „Prozesse“, S. 49–52; ders., Politische Strafjustiz, S. 161–183; ders., Strafjustiz, S. 98–102; Wentker, Justiz, S. 525; Amos, Justizverwaltung, S. 175.
446 Vgl. Wentker, Justiz, S. 453–454; Fricke, „Tag X“, S. 198.
447 Werkentin, Politische Strafjustiz, S. 115; vgl. Wentker, Justiz, S. 569.
448 Vgl. Wentker, Justiz, S. 461.
449 Vgl. ebd., S. 459; Behlert, Generalstaatsanwaltschaft, S. 303–346.
450 BArch, MfS, AU 60/54, Bd. 3, Bl. 111–116 (hier Bl. 111), Protokoll Hauptverhandlung, 24. 11. 1953.
451 BArch, MfS, AU 60/54, Bd. 7, Bl. 62, DDR-Generalstaatsanwaltschaft an Oberst Jakupow, Abteilung Justiz beim Hohen Kommissar der UdSSR in Deutschland, 1. 12. 1953.

452 BArch, MfS, AU 60/54, Bd. 3, Bl. 117–135, Urteil Oberstes Gericht der DDR, 24. 11. 1953.
453 BArch, MfS, AU 60/54, Bd. 7, Bl. 62, DDR-Generalstaatsanwaltschaft an Oberst Jakupow, Abteilung Justiz beim Hohen Kommissar der UdSSR in Deutschland, 1. 12. 1953.
454 Vgl. Fricke, „Konzentrierte Schläge“, S. 123, 134, 146, 191; Kowalczuk, Stasi konkret, S. 111–112.
455 Vgl. Werkentin, Strafjustiz, S. 130.
456 Vgl. Otto, Mielke, S. 176; Wingenfeld, Debatte, S. 43.
457 O. V. ‚Faschist Lange-Werner zum Tode verurteilt, in: Neues Deutschland, 4. 11. 1953, S. 3.
458 Vgl. Engelmann, Staatssicherheitsjustiz, S. 151.
459 BArch, MfS, AU 60/54, Bd. 8, Bl. 119, Lausitzer Rundschau: Cottbuser Spionagegruppe verurteilt, 3. 11. 1953; o. V., Faschist Lange-Werner zum Tode verurteilt, in: Neues Deutschland, 4. 11. 1953, S. 3. Im Online-Archiv des Neuen Deutschland wird der 3. 11. 1953 angegeben: https://www.nd-archiv.de/artikel/875538.faschist-lange-werner-zum-tode-verurteilt.html [6. 9. 2022].
460 O. V. ‚Faschist Lange-Werner zum Tode verurteilt, in: Neues Deutschland, 4. 11. 1953, S. 3.
461 Info-Dienst Nr. 2014/53, 7. 11. 1953, in: Engelmann, DDR, S. 276.
462 Vgl. Fricke, „Konzentrierte Schläge“, S. 42–47; Heidenreich, Geheimdienstkrieg, S. 266; Stadelmann-Wenz, Geyer, S. 121–123.
463 Archiv Gedenkstätte Berlin-Hohenschönhausen, Interview Arno Drefke, 18. 4. 2016.
464 Vgl. Sack, Verurteilt, S. 327–357; Werkentin, Todesstrafe, S. 199–211; Abbildung Fallbeil in: Pahl, Achtung Spione!, S. 293; Engelmann, HA IX, S. 55; Ollendorf, Zielvorgabe, S. 13–21; Fricke, Hingerichtet, S. 820–821.
465 Archiv Gedenkstätte Berlin-Hohenschönhausen, Interview Arno Drefke, 11. 7. 2000 und 18. 4. 2016; BArch, MfS, AU 60/54, Bd. 7, Bl. 66–67, Gnadengesuch Lange-Werner, 30. 11. 1953; Bd. 3, Bl. 170, Gnadengesuch Familie, 24. 11. 1953; Bl. 166, Gnadengesuch Lotte Lange-Werner, 29. 11. 1953; Bl. 163–164, Gnadengesuche Söhne, 29. 11. 1953; Bl. 162, Gnadengesuch Familie, 29. 11. 1953.
466 BArch, SAPMO, DY 30/4553, Bd. 1, Januar 1954, Sitzungen des Politbüros des ZK der SED; BArch, MfS, AU 60/54, Bd. 7, Bl. 74–80, Stellungnahme zum Urteil, 17. 12. 1953; Bd. 7, Bl. 96–98, Stellungnahme zum Gnadengesuch, 6. 1. 1954; vgl. Werkentin, Politische Strafjustiz, S. 124; Werkentin, Strafjustiz, S. 117–121; Werkentin, „Souverän ist …“, S. 186–195.
467 BArch, MfS, AU 60/54, Bd. 7, Bl. 103, Entscheidung gez. Wilhelm Pieck, 8. 2. 1954.
468 BArch, MfS, AU 60/54, Bd. 3, Bl. 168, Telegramm Probst Grüber, 7. 12. 1953.
469 BArch, MfS, AU 60/54, Bd. 7, Bl. 104, Staatsanwalt Löser an Lotte Lange-Werner, 24. 2. 1954; Archiv Gedenkstätte Berlin-Hohenschönhausen, Interview Arno Drefke, 11. 7. 2000.

470 BArch, MfS, Ast I 35/60, Bd. 2, Bl. 39–40, Staatsanwalt Löser an Leiter Strafvollzugsanstalt Cottbus und Major Neumann, 15. 3. 1954.
471 BArch, MfS, Ast I 35/60, Bd. 2, Bl. 44, Angestellter Neumann und Staatsanwalt Piehl: Vermerk Ankündigung Vollstreckung Todesurteil, 19. 3. 1954.
472 BArch, MfS, Ast I 35/60, Bd. 2, Bl. 43, Angestellter Neumann und Staatsanwalt Piehl: Vermerk Vollstreckung Todesurteil an Lange-Werner, 20. 3. 1954.
473 Vgl. Ollendorf, Zielvorgabe, S. 22–158; Heitzer, KgU, S. 316–317; Fricke, Todesstrafe, S. 529–531.
474 Archiv Gedenkstätte Berlin-Hohenschönhausen, Interview Arno Drefke, 18. 4. 2016.
475 Vgl. Oleschinski, Gedenkstätte, S. 73.
476 BArch, MfS, AU 60/54, Bd. 7, Bl. 113–131, Abschiedsbriefe Christian Lange-Werners an seine Frau, seine beiden Kinder und seinen Schwiegervater vom 20. 3. 1954; Bl. 112, Handschriftliche Vermerke Staatsanwalt Lösers „zu den Akten heften", 6. 5. 1953.
477 BArch, MfS, AU 60/54, Bd. 11, Bl. 67, Vermerk VP-Kommandant Fäsch, Gefängnis Hoheneck, 29. 7. 1954.
478 BArch, MfS, AU 60/54, Bd. 8, Bl. 193, Schreiben Staatsanwaltschaft Cottbus, 26. Juni 1954; Bl. 192, Schreiben an Staatsanwaltschaft Cottbus, 11. 6. 1954; Bl. 189, Bescheinigung Friedhof Geyer, 8. 6. 1954.
479 BArch, MfS, AU 60/54, Bd. 8, Bl. 189, 192–193, 195, 198, Schriftverkehr der Familie Christian Lange-Werners mit der Staatsanwaltschaft Cottbus, Juni bis Dezember 1954.
480 BArch, MfS, AU 60/54, Bd. 7, Bl. 132, Schreiben Hinrichtungsstätte Dresden an DDR-Minister des Innern Karl Maron, 26. 5. 1954.
481 BArch, MfS, HA IX 10378, Bl. 90–109 (hier Bl. 107), Lohmann an Oberst Heinitz: Ausarbeitung „Todesurteile – Vollstreckungsverfahren", 11. 6. 1968.
482 Ebd., hier Bl. 108.
483 Vgl. Lange, Nahschuss, S. 9–10, 191–212.
484 BArch, MfS, AU 60/54, Bd. 7, Bl. 214, DDR-Generalstaatanwaltschaft an Staatsanwaltschaft Cottbus, 29. 5. 1957.
485 BArch, MfS, AU 60/54, Bde. 6, 8, 11, Haftunterlagen Lotte Lange-Werner; BArch, MfS, AIM 6841/91, Bd. 1, Bl. 85–98, Auskunftsbericht Klump, 19. 12. 1975.
486 BArch, MfS, AIM 6841/91, Bd. 1, Bl. 85–98, Auskunftsbericht Klump, 19. 12. 1975; BArch, MfS, AU 60/54, Bde. 3, 6, 7, 10, Haftunterlagen Meier*.
487 BArch, MfS, AIM 6841/91, Bd. 1, Bl. 85–98, Auskunftsbericht Klump, 19. 12. 1975; BArch 197/Bd. 255, Vermerk Willi Raupach; BArch, MfS, AU 60/54, Bde. 6, 7, 9, Haftunterlagen Raupach.
488 BArch, MfS, AU 60/54, Bde. 6, 8, 12, Haftunterlagen Demann; BArch, MfS, AIM 6841/91, Bd. 1, Bl. 85–98, Auskunftsbericht Klump, 19. 12. 1975.
489 BArch, MfS, AIM 6841/91, Bd. 1, Bl. 85–98, Auskunftsbericht Klump, 19. 12. 1975; BArch, MfS, AU 60/54, Bde. 6, 7, 14, Haftunterlagen Baum*.

490 BArch, MfS, AU 60/54, Bd. 7, Bl. 214, DDR-Generalstaatanwaltschaft an Staatsanwaltschaft Cottbus, 29. 5. 1957; Bde. 6, 7, 8, Haftunterlagen Wieland; BArch, MfS, AIM 6841/91, Bd. 1, Bl. 85–98, Auskunftsbericht Klump, 19. 12. 1975.

491 BArch, MfS, XV/1555/76, Bd. 2, Bl. 123–131, Klump: Persönliche Niederschrift Arbeit für das MfS 1953/54, 26. 1. 1976.

492 Ebd.; BArch, MfS, AIM 370/55, Bd. 2, Berichte IM „Helmtraud".

493 BArch, MfS, AIM 6841/91, Bd. 1, Bl. 85–98, Auskunftsbericht Klump, 19. 12. 1975.

494 BArch, MfS, XV/1555/76, Bd. 2, Bl. 167–188, (hier Bl. 186), Klump: Persönliche Niederschrift, 19. 2. 1976.

495 Vgl. Kowalczuk, Stasi konkret, S. 200.

496 BArch, MfS, XV/1555/76, Bd. 2, Bl. 167–188, (hier Bl. 186), Klump: Persönliche Niederschrift, 19. 2. 1976.

497 Ebd.

498 BArch, MfS, AIM 6841/91, Bd. 1, Bl. 85–98, Auskunftsbericht Klump, 19. 12. 1975.

499 BArch, MfS, AIM 370/55, Bd. 1, Bl. 145, Verpflichtung Eugen Klump, 26. 4. 1953; BArch, MfS, Sekr. d. Min. 1920, Bl. 21–41, Protokoll Dienstversammlung HA I, 3. 12. 1954.

500 BArch, MfS, AIM 370/55, Bd. 2, Bl. 127–128, Abschlussbericht, 16. 12. 1954.

501 BArch, MfS, XV/1555/76, Bd. 2, Bl. 19–44 (hier Bl. 30–32), Lebenslauf Klump, 11. 2. 1976.

502 BArch, MfS, AIM 6841/91, Bd. 1, Bl. 85–98 (hier Bl. 94), Auskunftsbericht Klump, 19. 12. 1975.

503 BArch, MfS, AIM 6841/91, Bd. 1, Bl. 85–98 (hier Bl. 95), Auskunftsbericht Klump, 19. 12. 1975.

504 BArch, MfS, Allg. P 8993/82, Bd. 7, Bl. 139–140, Ausriss aus westdeutschen Fernschreiben, 30. 5. 1961.

505 BArch, MfS, AIM 6841/91, Bd. 1, Bl. 85–98 (hier Bl. 95), Auskunftsbericht Klump, 19. 12. 1975.

506 BArch, MfS, Allg. P 8993/82, Bd. 8, Bl. 143, Fernschreiben an BKA Bad Godesberg, 2. 6. 1961.

507 BArch, MfS, Allg. P 8993/82, Bl. 144, BND an BKA, 30. 6. 1961.

508 BArch, MfS, Allg. P 8993/82, Bl. 146, BKA an BND, undatiert.

509 BArch, MfS, Allg. P 8993/82, Bl. 147, Fernschreiben BKA, 27. 7. 1961.

510 BArch, MfS, Allg. P 8993/82, Bl. 148, LKA Wiesbaden an BKA, 28. 7. 1961.

511 BArch, MfS, AIM 370/55, Bd. 1, Bl. 242–260 (hier Bl. 244), Bericht Vernehmung Klump während ihrer Untersuchungshaft in Karlsruhe, 8. 6. 1963.

512 BArch, MfS, AIM 6841/91, Bd. 1, Bl. 85–98, Auskunftsbericht Klump, 19. 12. 1975.

513 Vgl. Booß, Käfig, S. 384–386, 460–462; Eisenfeld, Zentrale Koordinierungsgruppe, S. 27.

514 Vgl. Labrenz-Weiß, HA II, S. 33, 78; Förster, Dissertationen, S. 97.

515 BArch, MfS, XV/1555/76, Bd. 2, Bl. 19–44 (hier Bl. 29), Lebenslauf Klump, 11. 2. 1976.

516 Vgl. Gieseke, Wer war wer, S. 37.
517 BArch, MfS, HA IX 22583 Klump, Brigitte, Vorgang XV/1555/76.
518 BArch, MfS, AIM 6841/91, Bd. 1, Bl. 24–33 (hier Bl. 26), ZKG: Werbungsvorschlag, 22. 12. 1977; Bd. 1, Bl. 198–204 (hier Bl. 199), ZKG: Einschätzung Zusammenarbeit mit IM „Kubert“, 27. 3. 1981.
519 BArch, MfS, XV/5280/77, Berichte IM „Kubert“:
520 BArch, MfS, HA IX 22583 Klump, Brigitte, Vorgang XV/1555/76. Der Verurteilung lagen die Bestimmungen § 225 (1), Absatz 2 in Verbindung mit § 105, Absatz 2 des DDR-Strafgesetzbuches zugrunde.
521 BArch, MfS, AIM 6841/91, Bd. 1, Bl. 24–33 (hier Bl. 26), ZKG: Werbungsvorschlag, 22. 12. 1977.
522 BArch, MfS, AIM 6841/91, Bd. 1, Bl. 198–204, ZKG: Einschätzung Zusammenarbeit mit IM „Kubert“, 27. 3. 1981.
523 BArch, MfS, XV/5280/77, Bd. 3, Bl. 315–327, Treffbericht und Auswertung BRD-Reise IM „Kubert“ 22. 6.–27. 6. 1989, 6. 7. 1989.
524 Ebd.
525 BArch,MfS, XV/5280/77, Bd. 3, Bl. 329, Bericht: IM „Kubert“, 10. 10. 1989.
526 BArch, MfS, AU 60/54, Bd. 3, Bl. 41–64 (hier Bl. 58), Protokoll öffentliche Sitzung Bezirksgericht Cottbus, 30./31. 10. 1953.
527 Lindenberger, Eigen-Sinn, S. 105–107; ders., Herrschaft, S. 13–44.
528 Vgl. Gotto, Herausforderung, S. 173–190; Benz, Widerstand, S. 7–12; Neubert/Eisenfeld (Hrsg.), Macht, S. 13; Daase, Widerstand, S. 3, 9; Gieseke, Staatssicherheit, S. 8–20.
529 Vgl. Eckert, Widerstand, S. 3–12; Wenzke, Staatsfeinde, S. 5–13, 24; Zehnpfennig, Einführung, S. 7–9, 14; Knabe, „DDR-Opposition“, S. 186–198; Knabe, Opposition, S. 145–168; Stadelmann-Wenz, Verhalten, S. 11–20.
530 Vgl. Fricke, Spionage, S. 565–566, 571–572, 576–578; Gursky, Spionage, S. 24–25; Stadelmann-Wenz, Verhalten, S. 208.
531 Vgl. Benz, Widerstand, S. 70, 75, 84, 88, 90; Tuchel, 20. Juli 1944, S. 18–23; Wetzel, Widerstandsrezeption, S. 799–804; Steinbach, Verhältnis, S. 981–993.
532 Vgl. Neubert, Rahmenbedingungen, S. 289–293.
533 Vgl. Engelmann, Ost-West-Bezüge, S. 169–182; Wenzke, Staatsfeinde, S. 58–62.
534 Vgl. Günther, Teilung, S. 328.
535 Vgl. Müller, Wellenkrieg, S. 132.
536 Vgl. Maddrell, Fadenkreuz, S. 170–171; Pucci, Security, S. 270.
537 Vgl. Diedrich, Armee, S. 488–522; Wenzke, Staatsfeinde, S. 46.
538 Vgl. Ostermann, Containment, S. 196–273.
539 Vgl. Maddrell, Fadenkreuz, S. 170–171; Ostermann, Containment, S. 196–273.
540 Eintrag „Spionage“, in: Suckut, Wörterbuch, S. 336–338.
541 Maddrell, Fadenkreuz, S. 170; Fricke, Dimensionen, S. 34.
542 BArch, MfS, AU 60/54, Bd. 3, Bl. 41–64 (hier Bl. 50), Protokoll öffentliche Sitzung Bezirksgericht Cottbus, 30./31. 10. 1953.
543 Telefonat mit dem Sohn Christian Lange-Werners, 17. 6. 2016.

544 Vgl. Müller-Enbergs, Spione, S. 328; Archiv Gedenkstätte Berlin-Hohenschönhausen, Interview Eberhard Fätkenheuer, 6. 7. 2010.
545 BArch, MfS, AU 60/54, Bd. 1, Bl. 293–298 (hier Bl. 296), Vernehmungsprotokoll Meier*, 13. 8. 1953.
546 Vgl. Amos, Vertriebenenpolitik, S. 42–59; Schwartz, Vertriebene, S. 509–543; Heidenreich, Geheimdienstkrieg, S. 227–228.
547 BArch, MfS, AU 60/54, Bd. 1, Bl. 293–298 (hier Bl. 296), Vernehmungsprotokoll Meier*, 13. 8. 1953.
548 BArch, MfS, AU 60/54, Bd. 1, Bl. 314–317 (hier Bl. 315), Vernehmungsprotokoll Meier*, 14. 8. 1953; Bd. 1, Bl. 89–93, Geständnis Klump, 1. 8. 1953.
549 Vgl. Heidenreich, DDR-Spionage, S. 277; Appelius, Confidential, S. 150.
550 BArch, MfS, AU 60/54, Bd. 2, Bl. 178–180, ZI-Bericht Baum*, undatiert.
551 BArch, MfS, AU 60/54, Bd. 1, Bl. 273–276, Vernehmungsprotokoll Baum*, 11. 8. 1953.
552 BArch, MfS, AU 60/54, Bd. 2, Bl. 60–67, Vernehmungsprotokoll Raupach, 8. 9. 1953.
553 BArch, MfS, AU 60/54, Bd. 2, Bl. 202–206 (hier Bl. 205), ZI-Bericht Raupach, 9. 9. 1953.
554 BArch, MfS, AU 60/54, Bd. 2, Bl. 43–47, Vernehmungsprotokoll Lange-Werner, 31. 8. 1953.
555 Vgl. Wagner, Antenne, S. 41; Wagner, BND, S. 69; Heidenreich, Geheimdienstkrieg, S. 222–227, 434.
556 BArch, MfS, AU 60/54, Bd. 2, Bl. 166–168 (hier Bl. 167), Vernehmungsprotokoll Raupach, 2. 10. 1953.
557 BArch, MfS, AU 60/54, Bd. 2, Bl. 166–168 (hier Bl. 167), Vernehmungsprotokoll Raupach, 2. 10. 1953; Bd. 2, Bl. 162–165, Vernehmungsprotokoll Raupach, 28. 9. 1953.
558 BArch, MfS, AOP 12/54, Bl. 75–76, GI „Blume“: Bericht, 15. 7. 1953.
559 BArch, MfS, AU 60/54, Bd. 1, Bl. 22–26, (hier Bl. 22–23), Vernehmungsprotokoll Lange-Werner, Kamenz 30. 7. 1953.
560 BArch, MfS, AIM 6841/91, Bd. 1, Bl. 85–98, Auskunftsbericht Klump, 19. 12. 1975.
561 BArch, MfS, XV/1555/76, Bd. 2, Bl. 19–44 (hier Bl. 28), Klump: Lebenslauf, 11. 2. 1976.
562 BArch, MfS, XV/1555/76, Bl. 8–18 (hier Bl. 12), Vernehmungsprotokoll Klump, 18. 5. 1976.
563 BArch, MfS, XV/1555/76, Bl. 123–131 (hier Bl. 123), Klump: Persönliche Niederschrift Arbeit für das MfS 1953/54, 26. 1. 1976.
564 BArch, MfS, AU 60/54, Bd. 3, Bl. 41–64 (hier Bl. 49), Protokoll öffentliche Sitzung Bezirksgericht Cottbus, 30./31. 10. 1953.
565 Diskussionsbeitrag der Rednerin Sonntag auf der MfS-Kreisdelegiertenkonferenz am 6./7. 3. 1954, zit. nach: Gieseke, Mitarbeiter, S. 119.
566 Vgl. Kaminsky, Frauen, S. 24–67.
567 Vgl. Bergien, „Generalstab“, S. 353–359; Christian, „Fundament“, S. 63, 101–102.
568 Vgl. Weber, Gesellschaft, S. 314.

569 Vgl. Kaminsky, Frauen, S. 225–251.
570 Vgl. Spohr, Haft, S. 200–206.
571 Vgl. Gieseke, Mitarbeiter, S. 266–270.
572 Ebd., S. 118–119, 395; vgl. Schmole, Frauengeneration, S. 62–65, 75.
573 Vgl. Wagner, Antenne, S. 37–41.
574 BArch, MfS, AU 60/54, Bd. 1, Bl. 163–168 (hier Bl. 166), Vernehmungsprotokoll Demann, 5. 8. 1953.
575 BArch, MfS, AU 60/54, Bd. 3, Bl. 102–104 (hier Bl. 103), Berufungsschreiben, 6. 11. 1953.
576 BArch, MfS, AU 60/54, Bd. 1, Bl. 307–313, Vernehmungsprotokoll Lotte Lange-Werner, 14. 8. 1953; Bd. 3, Bl. 41–64, Protokoll öffentliche Sitzung Bezirksgericht Cottbus, 30./31. 10. 1953.
577 BArch, MfS, AU 60/54, Bd. 8, Bl. 5–25 (hier Bl. 23), Schlussbericht, 28. 9. 1953.
578 BArch, MfS, AU 60/54, Bd. 1, Bl. 111–115, Vernehmungsprotokoll Meier*, 2. 8. 1953; Bl. 281–287, Vernehmungsprotokoll Meier*, 12. 8. 1953; Bl. 293–298, Vernehmungsprotokoll Meier*, 13. 8. 1953; Bl. 89–93, Geständnis Klump, 1. 8. 1953.
579 BArch, MfS, AU 60/54, Bd. 2, Bl. 106–107 (hier Bl. 107), Vernehmungsprotokoll Raupach, 14. 9. 1953; Bd. 3, Bl. 41–64, Protokoll öffentliche Sitzung Bezirksgericht Cottbus, 30./31. 10. 1953.
580 BArch, MfS, AU 60/54, Bd. 3, Bl. 117–135 (hier Bl. 134), Urteil Oberstes Gericht der DDR, 24. 11. 1953.
581 Vgl. Wölbern, Häftlingsfreikauf, S. 452; Müller, Wellenkrieg, S. 117.
582 Scherstjanoi, Werden, S. 299.
583 BArch, MfS, HA I 79, Chronik, Bl. 70.
584 Vgl. Ostermann, Containment, S. 196–273.
585 Vgl. Günther, Teilung, S. 324; Bajohr, Täterforschung, S. 12.
586 Vgl. Sälter, Schauprozesse, S. 323–353; Heidenreich, Geheimdienstkrieg, S. 289.
587 Vg. Henke, Dienste, S. 985.
588 Günther, Teilung, S. 323. Peters, Schnittpunkt, S. 335.
589 Vgl. Staadt, Zeit, S. 183.
590 Vgl. Wagner, Militärspionage, S. 185–191; Bergien, Geschichte, S. 1–9.
591 Herzler, Rehabilitierung, S. 15, 26–27.
592 Vgl. Meinl, Gänseblümchen, S. 191–193; Bergien, Geschichte, S. 19–20.
593 Vgl. Weber, Gesellschaft, S. 316.

Abkürzungsverzeichnis

APuZ	Aus Politik und Zeitgeschichte
BArch	Bundesarchiv
BKA	Bundeskrimimalamt
BND	Bundesnachrichtendienst
BRD	Bundesrepublik Deutschland
CDU	Christlich Demokratische Union
CIA	Central Intelligence Agency
CIC	Counter Intelligence Corps
ČSSR	Tschechoslowakische Sozialistische Republik
DA	Deutschland Archiv
DDR	Deutsche Demokratische Republik
DM	Deutsche Mark
GI	Geheimer Informator
HA	Hauptabteilung
IM	Inoffizieller Mitarbeiter
KuSch	Kader und Schulung
KJVD	Kommunistischer Jugendverband Deutschlands
KPD	Kommunistische Partei Deutschlands
KVP	Kasernierte Volkspolizei
Ltn.	Leutnant
MdI	Ministerium des Innern
MfS	Ministerium für Staatssicherheit der DDR
MGB	Ministerstwo Gossudarstwennoj besopasnosti (russisch für Ministerium für Staatssicherheit)
Min.	Minister
NS	Nationalsozialismus
NSDAP	Nationalsozialistische Deutsche Arbeiterpartei
NVA	Nationale Volksarmee

SAPMO	Stiftung Archiv der Parteien und Massenorganisationen der DDR im Bundesarchiv
SBZ	Sowjetische Besatzungszone Deutschlands
SED	Sozialistische Einheitspartei Deutschlands
Sekr.	Sekretariat
SfS	Staatssekretariat für Staatssicherheit
SPD	Sozialdemokratische Partei Deutschlands
SS	Schutzstaffel der NSDAP
Stasi	Staatssicherheitsdienst (Ministerium für Staatssicherheit)
StGB	Strafgesetzbuch
UdSSR	Union der Sozialistischen Sowjetrepubliken
U-Haft	Untersuchungshaft
VfZ	Vierteljahrshefte für Zeitgeschichte
VP	Volkspolizei
V-Person	Vertrauensperson
ZdF	Zeitschrift des Forschungsverbundes SED-Staat
ZI	Zelleninformator
ZK	Zentralkomitee

Quellenverzeichnis

Bundesarchiv (BArch)

197/Bd. 255

Stiftung Archiv der Parteien und Massenorganisationen der DDR im Bundesarchiv (SAPMO)

DY 30/4553, Bd. 1, Januar 1954, Sitzungen des Politbüros des ZK der SED.

Stasiunterlagenarchiv (BArch, MfS)

Abt. XIV 126
BV Schwerin, AGI 290/57 PA
AIM 6841/91
AIM 370/55
Allg. P 8993/82
AS 131/79, 1395/53
AS 131/79, 1415/53
AS 131/79, 1394/53
AS 131/79, 1393/53
AS 131/79, 1400/53
AS 131/79, 1397/53
Ast I 35/60
BV Neubrandenburg AOP 44/53
AOP 12/54
AU 60/54
BV Halle 166/64
Disziplinar 6290/92, ZA 12080/12150
Diszi 6822/92
HA I 95
HA IX 10378

HA IX 22583
KS 299/64
KS 1861/90
KS 317/60. GH 41/55
KS 13300/90
KS 13491/90
KS II 391/83
KS II 655/85
KS BV Halle 35/62
Sekr. d. Min. 1920
XV/1555/76
XV/5280/77
1362/72

Archiv Gedenkstätte Berlin-Hohenschönhausen
Zeitzeugeninterviews

Internetressourcen (FOIA/CREST)
CREST | CIA FOIA (foia.cia.gov)

Literaturverzeichnis

Alexander, Bevin, Korea. The First War We Lost, New York 1998.

Amos, Heike, Justizverwaltung in der SBZ/DDR. Personalpolitik 1945 bis Anfang der 50er Jahre, Köln 1996.

– Die Vertriebenenpolitik der SED 1949 bis 1990, München 2009.

Andrew, Christopher, The Secret World. A History in Intelligence, London 2018.

Appelius, Stefan, Confidential – Die CIA im geteilten Deutschland. Teil 1: Einen James Bond gab es nicht, in: ZdF (2019), H. 44, S. 142–151.

Baberowski, Jörg, Diktatur und Gewalt, in: Hürter/Wentker (Hrsg.), Diktaturen, S. 156–166.

Bajohr, Frank, Neuere Täterforschung, Version: 1.0, in: Docupedia-Zeitgeschichte, 18. 6. 2013, http://docupedia.de/zg/bajohr_neuere_taeterforschung_v1_de_2013 [17. 5. 2022].

Bajohr, Frank u. a. (Hrsg.), Mehr als eine Erzählung. Zeitgeschichtliche Perspektiven auf die Bundesrepublik, Göttingen 2016.

Bästlein, Klaus/Rosskopf, Annette/Werkentin, Falco, Beiträge zur juristischen Zeitgeschichte der DDR, Berlin 2009.

Behlert, Wolfgang, Die Generalstaatsanwaltschaft, in: Rottleuthner, Steuerung der Justiz, S. 287–350.

Behling, Klaus, Klassenkampf und Schafott. Todesurteile in den Geheimdiensten der DDR, Berlin 2018.

Beleites, Johannes, Abteilung XIV. Haftvollzug, Berlin 2004.

Benz, Wolfgang, Der deutsche Widerstand gegen Hitler, München 2014.

Bergien, Rüdiger, Im „Generalstab der Partei“. Organisationskultur und Herrschaftspraxis in der SED-Zentrale (1946–1989), Berlin 2017.

– Geschichte der Nachrichtendienste/Intelligence History, Version: 1.0, in: Docupedia-Zeitgeschichte, 5. 1. 2021, http://docupedia.de/zg/Bergien_geschichte_der_nachrichtendienste_v1_de_2021 [17. 5. 2022].

Booß, Christian, Im goldenen Käfig. Zwischen SED, Staatssicherheit, Justizministerium und Mandant – die DDR-Anwälte im politischen Prozess, Göttingen 2017.

Christian, Michel, Das „Fundament der Partei"? Umrisse einer Sozialgeschichte der SED-Mitgliedschaft, in: Christian/Gieseke/Peters, SED als Mitgliederpartei, S. 60–110.

Christian, Michel/Gieseke, Jens/Peters, Florian, Die SED als Mitgliederpartei. Dokumentation und Analyse, Berlin 2019.

Daase, Christopher, Was ist Widerstand? Zum Wandel von Opposition und Dissidenz, in: APuZ 64 (2014), H. 27, S. 3–9.

Diedrich, Torsten/Kowalczuk, Ilko-Sascha (Hrsg.), Staatsgründung auf Raten? Zu den Auswirkungen des Volksaufstandes 1953 und des Mauerbaus 1961 auf Staat, Militär und Gesellschaft in der DDR, Berlin 2005.

Diedrich, Torsten/Süß, Walter (Hrsg.), Militär und Staatssicherheit im Sicherheitskonzept der Warschauer-Pakt-Staaten, Berlin 2010.

Diedrich, Torsten/Wenzke, Rüdiger, Die getarnte Armee. Geschichte der Kasernierten Volkspolizei der DDR 1952–1956, Berlin 2001.

Dildy, Douglas C./Thompson, Warren E., F-86 Sabre vs. MiG 15. Korea 1950–53, Oxford 2013.

Driesch, Ellen von den, Unter Verschluss. Eine Geschichte des Suizids in der DDR 1952–1990, Frankfurt a. M. 2021.

Drobnig, Ulrich (Hrsg.), Die Strafrechtsjustiz der DDR im Systemwechsel. Partei und Justiz, Mauerschützen und Rechtsbeugung, Berlin 1998.

Eckert, Rainer, Widerstand und Opposition in der DDR. Von den Forschungen zur Geschichte des Nationalsozialismus zur Auseinandersetzung mit der SED-Diktatur, Version: 1.0, in: Docupedia-Zeitgeschichte, 2. 12. 2013, http://docupedia.de/zg/eckert_widerstand_opposition_ddr_v1_de_2013 [17. 5. 2022].

Eichner, Klaus/Schramm, Gottfried (Hrsg.), Hauptverwaltung A. Geschichte, Aufgaben, Einsichten, Berlin 2008.

Eisenfeld, Bernd, Die Zentrale Koordinierungsgruppe Bekämpfung von Flucht und Übersiedlung, Berlin 1995.

Engelmann, Roger, Diener zweier Herren. Das Verhältnis der Staatssicherheit zur SED und den sowjetischen Beratern 1950–1959, in: Suckut/Süß (Hrsg.), Staatspartei und Staatssicherheit, S. 51–72.

– Das Juni-Trauma als Ausgangspunkt sicherheitspolitischer Expansion? Zur Entwicklung der Repressionsapparate nach dem 17. Juni 1953, in: Engelmann/Kowalczuk (Hrsg.), Volkserhebung gegen den SED-Staat, S. 235–250.

– „Keine Maßnahmen sollen getroffen werden gegen die Meinung unserer Freunde". Die Staatssicherheitspolitik der DDR in den 1950er Jahren zwischen sowjetischer Hegemonie und eigenen Konzepten, in: Diedrich, Militär und Staatssicherheit, S. 77–89.

– Ost-West-Bezüge von Widerstand und Opposition in der DDR der fünfziger Jahre, in: Neubert/Eisenfeld (Hrsg.), Macht, S. 169–182.

– Staatssicherheitsjustiz im Aufbau. Zur Entwicklung geheimpolizeilicher und justitieller Strukturen im Bereich der politischen Strafverfolgung 1950–1963, in: Engelmann/Vollnhals (Hrsg.), Justiz im Dienste, S. 133–164.

– (Hrsg.), Die DDR im Blick der Stasi 1953. Die geheimen Berichte an die SED-Führung, Göttingen 2013.

Engelmann, Roger/Joestel, Frank, Hauptabteilung IX: Untersuchung, Berlin 2016.

Engelmann, Roger/Kowalczuk, Ilko-Sascha (Hrsg.), Volkserhebung gegen den SED-Staat. Eine Bestandsaufnahme zum 17. Juni 1953, Göttingen 2005.

Engelmann, Roger/Vollnhals, Clemens (Hrsg.), Justiz im Dienste der Parteiherrschaft. Rechtspraxis und Staatssicherheit in der DDR, Berlin 1999.

Erler, Peter, Vom MGB zum MfS/SfS. Die Übernahme sowjetischer Haftorte und die Entwicklung des Gefängniswesens der DDR-Staatssicherheit in der ersten Hälfte der 1950er Jahre in Ostberlin. Eine chronologische Übersicht, in: ZdF (2013), H. 22, S. 36–56.

– Spitzel in der Untersuchungshaft. Die zentrale ZI-Kartei der Stasi, in: ZdF (2020), H. 45, S. 172–196.

– Tod im Gewahrsam der Staatssicherheit. Suizide und andere Sterbefälle am Haftort Berlin-Hohenschönhausen 1951 bis 1989. Eine vorläufige Übersicht, in: ZdF (2015), H. 38, S. 65–87.
Etzemüller, Thomas, Biografien. Lesen – erforschen – erzählen, Frankfurt a. M. 2012.
Evans, Richard J., Rituale der Vergeltung. Die Todesstrafe in der deutschen Geschichte 1532–1987, Darmstadt 2020.
Falter, Jürgen W., Spezifische Erklärungsmodelle und Motive der NSDAP-Mitgliedschaft, in: Falter, Kämpfer, S. 65–87.
– (Hrsg.), Junge Kämpfer, alte Opportunisten. Die Mitglieder der NSDAP 1919–1945, Frankfurt a. M. 2016.
Foitzik, Jan/Petrow, Nikita W., Die sowjetischen Geheimdienste in der SBZ/DDR von 1945 bis 1953, Berlin 2009.
Förster, Günter, Die Dissertationen an der „Juristischen Hochschule" des MfS. Eine annotierte Bibliografie, Berlin 1997.
Fricke, Karl Wilhelm, Dimensionen von Opposition und Widerstand in der DDR, in: Henke/Steinbach/Tuchel (Hrsg.), Widerstand und Opposition, S. 21–42.
– Zur Geschichte der politischen Verfolgung 1945–1968. Bericht und Dokumentation, Köln 1990.
– Hingerichtet in Dresden – warum?, in: DA 23 (1990), S. 820–824.
– Das MfS als Instrument der SED am Beispiel politischer Strafprozesse, in: Suckut/Süß (Hrsg.), Staatspartei und Staatssicherheit, S. 199–212.
– Spionage als antikommunistischer Widerstand – Zur Zusammenarbeit mit westlichen Nachrichtendiensten aus politischer Überzeugung, in: DA 35 (2002), S. 565–578.
– Todesstrafe für Magdeburger „Provokateur". SED-Rachejustiz nach dem Aufstand vom 17. Juni 1953, in: DA 26 (1993), S. 527–531.
Fricke, Karl Wilhelm/Engelmann, Roger, „Konzentrierte Schläge". Staatssicherheitsaktionen und politische Prozesse in der DDR 1953–1956, Berlin 1998.
– „Der Tag X" und die Staatssicherheit. 17. Juni 1953 – Reaktionen und Konsequenzen im DDR-Machtapparat, Bremen 2003.
Gängel, Andreas, Das Oberste Gericht der DDR – Leitungsorgan der Rechtsprechung – Entwicklungsstationen, in: Rottleuthner, Steuerung der Justiz, S. 253–286.

Gieseke, Jens, Intelligence History und ihre Quellen. Beobachtungen aus einer Studie über das Ministerium für Staatssicherheit und die westdeutschen Grünen, in: Großbölting/Kittel (Hrsg.), „Wirklichkeit", S. 83–103.

– Die hauptamtlichen Mitarbeiter der Staatssicherheit. Personalstruktur und Lebenswelt 1950–1989/90, Berlin 2000.

– Die Stasi 1945–1990, München 2011.

– Staatssicherheit und Gesellschaft – Plädoyer für einen Brückenschlag, in: Gieseke (Hrsg.), Staatssicherheit und Gesellschaft, S. 8–20.

– Psychologisches Wissen in der Verfolgungspraxis der DDR-Staatssicherheit – ein historischer Überblick, in: Maercker/Gieseke (Hrsg.), Psychologie, S. 37–56.

– (Hrsg.), Staatssicherheit und Gesellschaft. Studien zum Herrschaftsalltag in der DDR, Göttingen 2007.

– (Hrsg.), Wer war wer im Ministerium für Staatssicherheit?, Berlin 1995.

Gieseke, Jens/Wentker, Hermann (Hrsg.), Die Geschichte der SED. Eine Bestandsaufnahme, Berlin 2011.

Gotto, Klaus/Hockerts, Hans Günter/Repgen, Konrad, Nationalsozialistische Herausforderung und kirchliche Antwort. Eine Bilanz, in: Gotto/Repgen (Hrsg.), Katholiken, S. 173–190.

Gotto, Klaus/Repgen, Konrad (Hrsg.), Die Katholiken und das Dritte Reich, Mainz 1990.

Grashoff, Udo, „In einem Anfall von Depression …". Selbsttötungen in der DDR, Berlin 2006.

– Suizide in Haftanstalten: Legenden und Fakten, in: DA, 10. 9. 2015, https://www.bpb.de/themen/deutschlandarchiv/211769/suizide-in-haftanstalten-legenden-und-fakten/ [17. 5. 2022].

Großbölting, Thomas/Kittel, Sabine (Hrsg.), Welche „Wirklichkeit" und wessen „Wahrheit"? Das Geheimdienstarchiv als Quelle und Medium der Wissensproduktion, Göttingen 2019.

Günther, Frieder, Die verwaltete Teilung. Behördengeschichte in deutsch-deutscher Perspektive, in: VfZ 69 (2021), S. 321–331.

Gursky, André, Spionage als Widerstand? André Gursky im Gespräch mit Karl-Wilhelm Fricke, in: ZdF (2019), H. 43, S. 18–25.

Haase, Norbert/Sack, Birgit (Hrsg.), Münchner Platz, Dresden. Die Strafjustiz der Diktaturen und der historische Ort, Leipzig 2001.

Härter, Karl u. a. (Hrsg.), Vom Majestätsverbrechen zum Terrorismus. Politische Kriminalität, Recht, Justiz und Polizei zwischen Früher Neuzeit und 20. Jahrhundert, Frankfurt a. M. 2012.

Heidemeyer, Helge, SED und Ministerium für Staatssicherheit. „Schild und Schwert der Partei", in: Gieseke/Wentker, Geschichte, S. 114–135.

– (Hrsg.), „Akten-Einsichten". Beiträge zum historischen Ort der Staatssicherheit, Berlin 2016.

Heidenreich, Ronny, Die DDR-Spionage des BND. Von den Anfängen bis zum Mauerbau, Berlin 2019.

Heidenreich, Ronny/Münkel, Daniela/Stadelmann-Wenz, Elke, Geheimdienstkrieg in Deutschland. Die Konfrontation von DDR-Staatssicherheit und Organisation Gehlen 1953, Berlin 2016.

Heitzer, Enrico, Die Kampfgruppe gegen Unmenschlichkeit (KgU). Widerstand und Spionage im Kalten Krieg 1948–1959, Köln 2015.

Henke, Klaus-Dietmar, Geheime Dienste. Die politische Inlandsspionage der BND in der Ära Adenauer, Berlin 2022.

Henke, Klaus-Dietmar/Steinbach, Peter/Tuchel, Johannes (Hrsg.), Widerstand und Opposition in der DDR, Köln 1999.

Herzler, Jürgen (Hrsg.), Rehabilitierung (StrRehaG/VwRehaG/Ber RehaG) – Potsdamer Kommentar, Stuttgart 1997.

Hürter, Johannes/Wentker, Hermann (Hrsg.), Diktaturen. Perspektiven der zeithistorischen Forschung, Berlin 2019.

Irmen, Helmut, Stasi und DDR-Militärjustiz. Der Einfluss des Ministeriums für Staatssicherheit auf Strafverfahren und Strafvollzug in der Militärjustiz der DDR, Berlin 2014.

Jaeger, Alexandra, Unsichtbare Akteure in der bundesdeutschen Zeitgeschichtsschreibung. Geheimdienste als Leerstelle in geschichtswissenschaftlichen Handbüchern, in: Bajohr u. a. (Hrsg.), Mehr als eine Erzählung, S. 329–346.

John, Jürgen, Besatzungsgeschichte vor der doppelten Staatsgründung. Stand, Probleme, Defizite und Aufgaben der SBZ-Forschung, in: VfZ 69 (2021), S. 284–294.

Kaminsky, Anna, Frauen in der DDR, Berlin 2020.

Kersten, Olaf u. a. (Hrsg.), Garnisonen der NVA und GSTD. Zur Nutzung der militärischen Standorte von 1871 bis 2010, Berlin 2011.

Kießling, Wolfgang, Partner im „Narrenparadies". Der Freundeskreis um Noel Field und Paul Merker, Berlin 1994.

Knabe, Hubertus (Hrsg.), Gefangen in Hohenschönhausen. Stasi-Häftlinge berichten, Berlin 2007.

– Was war die „DDR-Opposition"? Zur Typologie des politischen Widerspruchs in Ostdeutschland, in: DA 29 (1996), S. 184–198.

– Opposition in einem halben Land. Zur Interdependenz politischen Widerspruchs in beiden deutschen Staaten, in: Neubert/Eisenfeld (Hrsg.), Macht, S. 143–168.

Knabe, Hubertus/Engwert, Andreas (Hrsg.), Inhaftiert in Hohenschönhausen. Zeugnisse politischer Verfolgung 1945–1989. Katalog zur Dauerausstellung, Berlin 2015.

Kondraschew, Sergei A., Stärken und Schwächen der sowjetischen Nachrichtendienste, insbesondere in Bezug auf Deutschland in der Nachkriegszeit, in: Krieger/Weber (Hrsg.), Spionage für den Frieden?, S. 145–153.

Kowalczuk, Ilko-Sascha, „Energisches ‚Handeln' erfordert die besondere Lage". Politische Strafverfolgung vor und nach dem 17. Juni 1953, in: Engelmann/Kowalczuk (Hrsg.), Volkserhebung gegen den SED-Staat, S. 205–234.

– Stasi konkret. Überwachung und Repression in der DDR, München 2013.

Krähnke, Uwe u. a. (Hrsg.), Dienst der Staatssicherheit. Eine soziologische Studie über die hauptamtlichen Mitarbeiter des DDR-Geheimdienstes, Frankfurt a. M. 2017.

Krieger, Wolfgang, Weber, Jürgen (Hrsg.), Spionage für den Frieden? Nachrichtendienste in Deutschland während des Kalten Krieges, München 1997.

Labrenz-Weiß, Hanna, Hauptabteilung II: Spionageabwehr, Berlin 1998.

Lange, Gunter, Der Nahschuss. Leben und Hinrichtung des Stasi-Offiziers Werner Teske, Berlin 2021.

Lazai, Christina/Spohr Julia/Voß, Edgar, Das zentrale Untersuchungsgefängnis des kommunistischen Staatssicherheitsdienstes in Deutschland im Spiegel von Opferberichten. Die Haftbedingungen in der Untersuchungshaftanstalt Berlin-Hohenschönhausen 1947–1989, in: Stiftung HSH, https://www.stiftung-hsh.de/

assets/Dokumente-pdf-Dateien/Stasi-Haft-im-Spiegel-von-Zeitzeugenberichten.pdf [17. 5. 2022].

Lindenberger, Thomas, Eigen-Sinn im Chemiedreieck. Wie sich ein Ingenieur dem SED-Staat undienlich machte, in: Mittelweg 36 (2021), S. 105–126.

– (Hrsg.), Herrschaft und Eigen-Sinn in der Diktatur. Studien zur Gesellschaftsgeschichte der DDR, Köln 1999.

– Volkspolizei. Herrschaftspraxis und öffentliche Ordnung im SED-Staat 1952–1968, Köln 2003.

Lüdtke, Alf/Reinke, Herbert /Sturm, Michael (Hrsg.), Polizei, Gewalt und Staat im 20. Jahrhundert, Wiesbaden 2011.

Maddrell, Paul, Im Fadenkreuz der Stasi: Westliche Spionage in der DDR. Die Akten der Hauptabteilung IX, in: VfZ 61 (2013), S. 141–171.

Maercker Andreas/Gieseke, Jens (Hrsg.), Psychologie als Instrument der SED-Diktatur. Theorien – Praktiken – Akteure – Opfer, Bern 2021.

Martin, Elisabeth, „Ich habe mich nur an das geltende Recht gehalten". Herkunft, Arbeitsweise und Mentalität der Wärter und Vernehmer der Stasi-Untersuchungshaftanstalt Berlin-Hohenschönhausen, Baden-Baden 2014.

Meinl, Susanne, Nicht nur Gänseblümchen und Honigfallen. Frauen in der Frühphase der (west-)deutschen Geheimdienste, in: Pahl/Pieken/Rogg (Hrsg.), Achtung Spione!, S. 191–209.

Morawe, Petra, Untersuchungshaft bei der Staatssicherheit der DDR: Realitätsdiffusion infolge psychischer Folter, in: BIOS 12 (1999), S. 191–208.

Müller, Armin, Wellenkrieg. Agentenfunk und Funkaufklärung des Bundesnachrichtendienstes 1945–1968, Berlin 2017.

Müller-Enbergs, Helmut, „Der Tag X hat nicht stattgefunden". Wirken und Sturz Wilhelm Zaissers (1945–1953), in: Engelmann/Kowalczuk (Hrsg.), Volkserhebung gegen den SED-Staat, S. 147–174.

Müller-Enbergs, Helmut/Wagner, Armin (Hrsg.), Spione und Nachrichtenhändler. Geheimdienst-Karrieren in Deutschland 1939–1989, Berlin 2016.

Naimark, Norman M., Stalin and the Fate of Europe. The Postwar Struggle for Sovereignty, Cambridge 2019.

Neubert, Ehrhart/Eisenfeld, Bernd (Hrsg.), Macht – Ohnmacht – Gegenmacht. Grundfragen zur politischen Gegnerschaft in der DDR, Bremen 2001.

Neubert, Ehrhart, Rahmenbedingungen für Opposition, Widerstand und die Kirchen in der DDR nach dem Volksaufstand und dem Mauerbau, in: Diedrich/Kowalczuk (Hrsg.), Staatsgründung auf Raten?, S. 287–316.

Niemetz, Daniel, Das feldgraue Erbe. Die Wehrmachtseinflüsse im Militär der SBZ/DDR (1948/49–1989), Berlin 2006.

Oleschinski, Brigitte, Gedenkstätte Plötzensee, Berlin 1995.

Ollendorf, Marie, Zielvorgabe Todesstrafe. Der Fall Jennrich, der 17. Juni 1953 und die Justizpraxis in der DDR, Halle (Saale) 2013.

Ostermann, Christian F., Between Containment and Rollback. The United States and the Cold War in Germany, Stanford 2021.

Otto, Wilfriede, Erich Mielke. Biografie, Berlin 2000.

Pahl, Magnus /Pieken, Gorch/Rogg, Matthias (Hrsg.), Achtung Spione! Geheimdienste in Deutschland von 1945 bis 1956, Dresden 2016.

Peters, Florian, Mitgliederpolitik und Parteistatistik. Zur Konstruktion der SED als Zahlenwerk, in: Christian/Gieseke/Peters, SED als Mitgliederpartei, S. 23–59.

– Am Schnittpunkt von Ost und West. Ostmitteleuropäische Perspektiven für eine transnationale DDR-Geschichte, in: VfZ 69 (2021), S. 332–345.

Petrov, Nikita, Die sowjetischen Geheimdienstmitarbeiter in Deutschland. Der leitende Personalbestand der Staatssicherheitsorgane der UdSSR in der Sowjetischen Besatzungszone Deutschlands und der DDR von 1945–1954, Berlin 2010.

Pohl, Dieter, Justiz in Brandenburg 1945–1955. Gleichschaltung und Anpassung, München 2001.

Pucci, Molly, Security Empire. The Secret Police in Communist Eastern Europe, New Haven 2020.

Rottleuthner, Hubert (Hrsg.), Steuerung der Justiz in der DDR. Einflussnahme der Politik auf Richter, Staatsanwälte und Rechtsanwälte, Köln 1994.

– Steuerung der Justiz in der DDR, in: Drobnig, Strafrechtsjustiz, S. 25–41.

Sack, Birgit/Hacke, Gerald, Verurteilt. Inhaftiert. Hingerichtet. Politische Justiz in Dresden 1933–1945/1945–1957, Dresden 2016.
Sälter, Gerhard, Interne Schauprozesse. Über exemplarisches Strafen und seine politische Instrumentalisierung in der Strafjustiz der DDR in den fünfziger Jahren, in: Härter u. a. (Hrsg.), Majestätsverbrechen, S. 321–351.
– „Den Ablauf der Vernehmungen bestimmen nicht Sie." Zur instrumentellen Verwendung struktureller Gewalt und sprachlicher Übermächtigung bei Verhören des MfS in den 1950er Jahren, in: Lüdtke/Reinke/Sturm (Hrsg.), Polizei, S. 279–296.
Scherstjanoi, Elke, Werden und Wachsen. Zur Frühgeschichte der DDR als aktuellem Forschungsfeld, in: VfZ 69 (2021), S. 295–305.
Schmädeke, Jürgen/ Steinbach, Peter (Hrsg.), Der Widerstand gegen den Nationalsozialismus. Die deutsche Gesellschaft und der Widerstand gegen Hitler, München 1986.
Schmeitzner, Mike, Auf dem Weg zur Diktatur des Proletariats. Die KPD/SED als Instrument der Diktaturdurchsetzung, in: Gieseke/Wentker, Geschichte, S. 61–83.
Schmeitzner, Mike /Donth, Stefan, Die Partei der Diktaturdurchsetzung. KPD/SED in Sachsen 1954–1952, Köln 2002.
Schmeitzner, Mike /Vollnhals, Clemens/Weil, Francesca (Hrsg.), Von Stalingrad zur SBZ. Sachsen 1943–1949, Göttingen 2016.
Schmidt-Eenboom, Erich/Müller-Enbergs, Helmut, MfS contra Organisation Gehlen: Ein beachtlicher Erfolg im Spionagekrieg 1951/52, in: Zeitschrift für Geschichtswissenschaft 63 (2015), S. 667–678.
Schmole, Angela, Die erste Frauengeneration im MfS, in: ZdF (2021), H. 47, S. 62–84.
Schwartz, Michael, Transformationsgesellschaft. DDR-Geschichte im vereinigten Deutschland, in: VfZ 69 (2021), S. 346–360.
– Vertriebene und „Umsiedlerpolitik". Integrationskonflikte in den deutschen Nachkriegsgesellschaften und die Assimilationsstrategien in der SBZ/DDR 1945 bis 1961, München 2004.
Sélitrenny, Rita, Doppelte Überwachung. Geheimdienstliche Ermittlungsmethoden in den DDR-Untersuchungshaftanstalten, Berlin 2003.

Spohr, Julia, In Haft bei der Staatssicherheit. Das Untersuchungsgefängnis Berlin-Hohenschönhausen 1951–1989, Berlin 2015.

Staadt, Jochen, Mit uns zieht die alte Zeit. KgU und früher Widerstand in der DDR – eine Nazi-Verschwörung? Teil I, in: Zdf (2015), H. 37, S. 157–168; Teil II, in: ZdF (2015), H. 38, S. 177–183.

Stadelmann-Wenz, Elke, Hans-Joachim Geyer – der Doppelagent aus der Provinz, in: Heidemeyer (Hrsg.), „Akten-Einsichten", S. 121–133.

– Widerständiges Verhalten und Herrschaftspraxis in der DDR. Vom Mauerbau bis zum Ende der Ulbricht-Ära, Paderborn 2009.

Steinbach, Peter, Zum Verhältnis der Ziele der militärischen und zivilen Widerstandsgruppen, in: Schmädeke/Steinbach (Hrsg.), Widerstand, S. 977–1002.

Stude, Sebastian/Mirschel, Markus, „Stasi-Hafterfahrungen": Selbstvergewisserung und Renitenz, in: DA, 8. 4. 2021, https://www.bpb.de/themen/deutschlandarchiv/330959/stasi-hafterfahrungen-selbstvergewisserung-und-renitenz/ [17. 5. 2022].

Suckut, Siegfried (Hrsg.), Das Wörterbuch der Staatssicherheit. Definitionen zur „politisch-operativen Arbeit", Berlin 2001.

Suckut, Siegfried/Süß, Walter (Hrsg.), Staatspartei und Staatssicherheit. Zum Verhältnis von SED und MfS, Berlin 1997.

Tuchel, Johannes, Der 20. Juli 1944 in der frühen Bundesrepublik, in: APuZ 64 (2014), H. 27, S. 18–24.

Uhl, Matthias, Von Agentenjägern und Spionen. Die Bevollmächtigten des sowjetischen Geheimdienstes in Deutschland 1945 bis 1956, in: Pahl/Pieken/Rogg (Hrsg.), Achtung Spione!, S. 67–81.

Voigt, Tobias/Erler, Peter, Medizin hinter Gittern. Das Stasi-Haftkrankenhaus in Berlin-Hohenschönhausen, Berlin 2011.

Wagner, Armin, Der Fall „Antenne". Motiv und Praxis von Spionage im Kalten Krieg, in: APuZ (2014), H. 18/19, S. 37–41.

– Militärspionage des BND in der DDR, in: Eichner/Schramm (Hrsg.), Hauptverwaltung A, S. 185–191.

Wagner, Armin/Uhl, Matthias, BND contra Sowjetarmee. Westdeutsche Militärspionage in der DDR, Berlin 2007.

Weber, Hermann, DDR. Dokumente zur Geschichte der Deutschen Demokratischen Republik 1945–1985, München 1987.

Weber, Petra, Die Gesellschaft der DDR im Widerstreit. Offene Fragen und Forschungspotenziale, in: VfZ 69 (2021), S. 306–320.

Wentker, Hermann, Justiz in der SBZ/DDR. Transformation und Rolle ihrer zentralen Institutionen, München 2001.
- Die Neuordnung des Justizwesens in der SBZ/DDR 1945–1952/53, in: Engelmann/Vollnhals (Hrsg.), Justiz, S. 93–114.

Wenzke, Rüdiger (Hrsg.), Staatsfeinde in Uniform? Widerständiges Verhalten und politische Verfolgung in der NVA, Berlin 2005.

Werkentin, Falco, „Souverän ist, wer über den Tod entscheidet." Die SED-Führung als Richter und Gnadeninstanz bei Todesurteilen, in: Engelmann/Vollnhals (Hrsg.), Justiz, S. 181–204.
- Politische Strafjustiz in der Ära Ulbricht. Vom bekennenden Terror zur verdeckten Repression, Berlin 1997.
- Strafjustiz im politischen System der DDR: Fundstücke zur Steuerungs- und Eingriffspraxis des zentralen Parteiapparates der SED, in: Rottleuthner, Steuerung der Justiz, S. 93–133.
- „Die Todesstrafe wird mittels Fallbeil in einem umschlossenen Raum vollzogen." Der Münchner Platz als Hinrichtungsstätte 1952–1956, in: Haase/Sack (Hrsg.), Münchner Platz, Dresden, S. 199–211.
- Die Waldheimer „Prozesse" – ein Experimentierfeld für die künftige Scheinjustiz unter Kontrolle der SED?, in: Bästlein, Beiträge zur juristischen Zeitgeschichte, S. 33–52.

Wetzel, Juliane, Zur Widerstandsrezeption in der BRD bis 1989, in: Utopie kreativ (2000), H. 118, S. 707–804.

Wiedmann, Roland, Die Diensteinheiten des MfS 1950–1989. Eine organisatorische Übersicht, Berlin 2012.

Wingenfeld, Heiko, Die öffentliche Debatte über die Strafverfahren wegen DDR-Unrecht. Vergangenheitsaufarbeitung in der bundesdeutschen Öffentlichkeit der 90er Jahre, Berlin 2006.

Wölbern, Jan Philipp, Der Häftlingsfreikauf aus der DDR 1962/63–1989. Zwischen Menschenhandel und humanitären Aktionen, Göttingen 2014.

Wolf, Stephan Hauptabteilung I: NVA und Grenztruppen, Berlin 2004.

Wunschik, Tobias, Honeckers Zuchthaus. Brandenburg-Görden und der politische Strafvollzug der DDR 1949–1989, Göttingen 2018.
- Selbstbehauptung und politischer Protest von Gefangenen im DDR-Strafvollzug, in: Neubert/Eisenfeld (Hrsg.), Macht, S. 267–292.

Zahn, Hans-Eberhard, Haftbedingungen und Geständnisproduktion in den Untersuchungshaftanstalten des MfS, Berlin 2011.
Zehnpfennig, Barbara (Hrsg.), Politischer Widerstand. Allgemeine theoretische Grundlagen und praktische Erscheinungsformen in Nationalsozialismus und Kommunismus, Baden-Baden 2017.
– Einführung, in: Zehnpfennig, Politischer Widerstand, S. 7–15.
Zolling, Hermann/Höhne, Heinz, Pullach intern. General Gehlen und die Geschichte des Bundesnachrichtendienstes, Hamburg 1971.

Zum Autor

Stefan Donth, geboren 1968 in Dresden, Historiker, 1999 Promotion mit einer Arbeit über die Politik der Sowjetischen Militäradministration und der SED in Sachsen zur Eingliederung der Flüchtlinge und Vertriebenen von 1945 bis 1952, seit 2016 Bereichsleiter an der Gedenkstätte Berlin-Hohenschönhausen, seit 2019 Stellvertretender Sprecher des Forschungsverbundes „Landschaften der Verfolgung".